Alessandro Sannia

# Mercedes-Benz

TECTUM
PUBLISHERS

# Mercedes-Benz

**Texte /** *Texts:* Alessandro Sannia
**Traduction anglaise /** *English translation:* Julian Thomas
**Traduction française /** *French translation:* Carole Touati
**Direction artistique & mise en page /** *Art & layout:* Guillermo Vincenti
**Photographies /** *Photographs:* Archivio Alessandro Sannia, Archivio Mercedes-Benz

**Édition français-anglais /** *French-English edition :*
© 2010 **Tectum Publishers**
Godefriduskaai 22
2000 Antwerp
Belgium
info@tectum.be
+ 32 3 226 66 73
www.tectum.be

ISBN: 978-90-7976-158-6
WD: 2010/9021/32
(121)

**Édition originale /** *Original edition:*
© 2010 **Edizioni Gribaudo srl**
Via Natale Battaglia, 12
12027 Milano
e-mail: info@gribaudo.it
www.edizionigribaudo.it

**Impression /** *Printed by*: Grafiche Busti – Colognola ai Colli (VR) - Italy

# Sommaire　　*Index*

# KARL BENZ
# ET L'INVENTION
# DE L'AUTOMOBILE

*Karl Benz and the invention*
*of the motor car*

Mercedes-Benz fut fondée en 1926 suite à la fusion de deux compagnies, Benz et Daimler, en activité depuis la fin du XIXe siècle. L'histoire de l'entreprise remonte aux débuts de l'automobilisme et, en plus de faire partie des plus anciennes entreprises du monde, Mercedes-Benz peut également s'enorgueillir d'avoir été la première à construire un véhicule automoteur à quatre roues : la première automobile de toute l'histoire.

Le moteur à combustion interne aurait été inventé en 1853 par deux Italiens, Eugenio Barsanti et Felice Matteucci (originaires de la période préalable à l'unification des États papaux), mais ce n'est que dans le dernier quart de siècle qu'il fut appliqué à la traction automobile. Parmi tous les ingénieurs qui l'étudiaient simultanément, mais de manière indépendante, Karl Benz fut le premier à déposer son brevet le 29 janvier 1886.

Benz est né à Karlsruhe le 25 novembre 1844, sous le nom de Karl Friedrich Michael Vaillant. Deux ans plus tard, son nom fut changé en souvenir de son père qui avait trouvé la mort entre temps dans un accident de train. Ayant grandi dans une quasi pauvreté, il réussit cependant à faire des études grâce à ses capacités exceptionnelles. À 19 ans à peine, il obtint son diplôme d'ingénieur mécanicien.

Mercedes-Benz was founded in 1926 following the merger of two companies, Benz and Daimler, which had been active since the end of the 19th century. The company's history dates back to the early age of motoring and not only is it one of the oldest companies in the world, but it can also boast the unparalleled achievement of being the first to build a self-moving vehicle: the first motor car in history. The internal combustion engine is thought to have been invented in 1853 by two Italians, Eugenio Barsanti and Felice Matteucci (who were actually from the pre-Italian unification period Papal States), but it was only in the final quarter of the century that it was applied to automotive traction. Out of all the engineers who were studying it at the same time, but independently, Karl Benz was the first to deposit a patent on January 29, 1886. Benz was born in Karlsruhe on November 25, 1844 with the name of Karl Friedrich Michael Vaillant. Two years later, his name was changed in remembrance of his father, who had in the meantime been killed in a railway incident. Despite growing up in virtual poverty, he succeeded in completing school thanks to his exceptional ability and he then graduated in mechanical engineering at the age of just 19.

*La Motorwagen, véhicule motorisé à trois roues construit et breveté par Karl Benz en 1885 est considérée comme la première automobile de l'histoire.*

The Patent Motorwagen, the motorized three-wheeled vehicle built by Karl Benz in 1885 and considered to be the first automobile in history.

*La Motorwagen Model 3 (1888) fut la première automobile produite de série : 25 exemplaires furent construits.*

The Motorwagen Model 3 (1888) was the first automobile to be mass-produced: 25 examples were built.

Après avoir travaillé dans une usine de balances puis dans une entreprise de construction de ponts, il monta son propre atelier mécanique à Mannheim. Ce fut un désastre financier, tout comme la Gasmotoren-Fabrik Mannheim qui s'en suivit, fondée en 1882. Les choses ne commencèrent à s'améliorer qu'en 1883, lorsque l'ingénieur allemand fonda Benz & Cie. Rheinische Gasmotoren-Fabrik avec deux partenaires ; la production de moteurs stationnaires à gaz lui apporta enfin l'argent et la sérénité qui lui permettront de se consacrer à sa chère passion : concevoir une voiture sans chevaux.

C'est ainsi qu'il mit au point une voiture dotée de trois grandes roues fines à rayons, propulsée par un moteur monophasé 995 cc à quatre temps de son invention et développant 0,8 chevaux-vapeur. Baptisée *Motorwagen*, achevée en 1885 et brevetée l'année suivante, elle est considérée comme la première automobile. Pour Benz, c'était avant tout l'invention qui lui apporta une immense satisfaction personnelle, il n'envisageait pas d'utilisation commerciale. Sa femme, Bertha, avait quant à elle un sens des affaires bien plus développé et, afin de démontrer que l'automobile n'était pas seulement une belle pièce d'ingénierie mais qu'elle pouvait devenir un moyen de transport, elle entreprit un premier et mémorable voyage longue distance, apparemment sans que son mari ne le sache.

*After working in a scales factory and then a bridge building company, in 1871 he opened up his own mechanical workshop in Mannheim. The enterprise was a financial disaster, and so was the subsequent Gasmotoren-Fabrik Mannheim, which was founded in 1882. Things only started to go better in 1883, when the German engineer founded Benz & Cie. Rheinische Gasmotoren-Fabrik with two other partners; the production of static gas engines finally gave him the money and the serenity to pursue his old passion of designing a horseless carriage.*

*As a result he built a three-wheeled carriage with large and thin wire wheels, powered by a single-cylinder, four-stroke 985cc engine of his own design and putting out 0.8 horsepower. Called the Motorwagen, completed in 1885 and patented the following year, it is considered to be the first automobile. For Benz it was at first an invention that gave him immense personal satisfaction but he never thought about putting it to commercial use. His wife Bertha was much more entrepreneurial however and to demonstrate that the automobile was not merely a brilliant piece of engineering but could become a form of transport, she made a first memorable long-distance journey, reportedly without the knowledge of her husband.*

*La Victoria (1893), première automobile à quatre roues signée Benz.*

The Victoria (1893) was the first four-wheeled Benz automobile.

*La Velo (1894) fut le premier grand succès commercial de Benz et plusieurs centaines d'exemplaires furent produits.*

The Velo (1894) was the first major commercial success for Benz, and several hundred examples were produced.

Au début du mois d'août 1888, elle prit le volant du troisième prototype construit par son mari et, accompagnée de ses deux enfants, elle s'en alla rendre visite à sa mère, de Mannheim à Pforzheim, ce qui représente un trajet de 104 kilomètres. Elle fut la première personne de l'histoire à parcourir une aussi longue distance en voiture, mais le périple eut son lot d'aventures. Il lui fallut trouver des pharmacies sur le chemin car le moteur tournait avec un solvant, le Ligroin, et on raconte donc que la pharmacie de Wiesloch, près d'Heidelberg, fut la première station-service de l'histoire de l'automobile !

Le voyage de Bertha Benz fit une bonne publicité à l'invention de son mari et il envisagea bientôt de la produire et de la vendre à petite échelle. Les impressions de Madame Benz au volant de la voiture permirent en outre d'apporter des améliorations à la *Motorwagen* : elle demanda même l'ajout d'une vitesse supplémentaire pour faciliter les montées.

À l'été 1888, Benz vendit sa première voiture à un client, Emile Roger, fabricant de vélos à Paris, qui produisait sous licence les moteurs à gaz en France. Les années suivantes, 25 *Motorwagen* modèle 3 furent construites.

At the start of August 1888, she took the third prototype built by her husband, accompanied by her two sons, from Mannheim to Pforzheim to visit her mother, which was a trip of 104 km. She was the first person in history to make a long distance automobile trip, but the journey was not without its adventures. She had to locate fuel at pharmacies along the way because the engine ran on the solvent Ligroin, and as a result it can be claimed that the Wiesloch pharmacy near Heidelberg became the first ever filling station in the history of the motor car!

Bertha Benz's trip obtained publicity for her husband's invention and he soon began to take into consideration the possibility of producing and selling it on a small scale. Mrs. Benz's impressions behind the wheel also helped to bring about improvements to the Motorwagen: she even asked for an extra gear to be put in to help the car in going uphill. In the summer of 1888, Benz sold his first car to a customer, Emile Roger, a bicycle manufacturer from Paris, who had been producing his gas engines in France under license. In the following years, a total of 25 Motorwagen Model 3 machines were built.

Le succès de cette aventure attira de nouveaux investisseurs, qui s'occupaient des aspects commerciaux de l'entreprise, laissant à Benz le temps de se consacrer entièrement au travail de conception. En 1893, Benz présenta la Victoria, un véhicule biplace à quatre roues, sur lequel il avait enfin réussi à diriger l'avant au moyen d'un axe pivotant, raison pour laquelle les expériences précédentes n'avaient que trois roues.

L'année suivante fut marquée par une autre innovation majeure avec l'arrivée du modèle Velo (abréviation de « Vélocipède »), qui était plus petit, plus léger et moins cher que la Victoria. On peut sans doute le considérer comme la première voiture de série car elle fut fabriquée à plus grande échelle, 1200 exemplaires en tout, de 1894 à 1901. Les voitures construites par l'ingénieur allemand commençaient à faire parler d'elles et suscitaient un intérêt croissant à travers l'Europe ; cependant, Karl Benz restait réticent aux innovations et se contentait d'apporter de légères améliorations, sans grande modification, à sa gamme de véhicules qui, selon lui fonctionnaient déjà comme il fallait.

The success of the venture attracted new investors, who dealt with the commercial aspects of the company, leaving Benz the time to devote himself entirely to design work. In 1893 Benz presented the Victoria, a two-passenger vehicle with four wheels, after he had finally solved the problem of making the front steer by means of a pivotal axle, the reason why the previous experiments had only been with three wheels.

The following year saw another major innovation with the arrival of the Velo (short for "Veloziped"), which was smaller, lighter and cheaper than the Victoria. It may also be considered to be the first production automobile as it was built on such a large scale, a total of 1,200 from 1894 to 1901.

The cars built by the German engineer began to attract a certain fame and interest throughout Europe; nevertheless Karl Benz was always rather hostile towards innovations, and he would merely apply slight improvements, without any major modifications, to his range of vehicles which, in his opinion, already worked well.

*La Benz Dos-à-dos (1900) ; son nom reflétait la disposition particulière des sièges.*

The Benz Dos-à-dos (1900); the name reflected the particular, back-to-back seating layout.

La Velo fut produite en plusieurs versions. Tout d'abord la Comfortable, luxueuse, en 1896, suivie par l'Ideal en 1898 dont l'empattement était plus long, le moteur plus puissant et la boîte dotée de trois vitesses. 1899 est l'année de création de la Dos-à-dos, dérivant de l'Ideal mais équipée d'un moteur plat ou « boxer », 2,7 litres ; ce modèle remplaçait la Victoria et, comme son nom l'indique, il possédait une carrosserie spéciale pour quatre personnes, assises dos-à-dos. Plusieurs variantes se sont rapidement succédées et tiraient toutes leur nom de leur carrosserie particulière : la Mylord, la Duc, la Charette, la Spider, la dernière étant l'un des premiers exemples de sportive biplace. Mentionnons également le Break de 1899, une automobile inédite à moteur avant disponible en version 8 ou 12 places, précurseur des monospaces ou fourgonnettes modernes. En 1901, la gamme fut renouvelée avec le lancement de la Tonneau, accompagnée l'année suivante de la Phaeton, plus sophistiquée, disponible avec un moteur 8, 12, 15 ou 20 chevaux (en allemand, PS ou *Pferdesträrke* est l'équivalent de cheval-vapeur). Ceci n'était cependant pas suffisant pour atteindre le niveau de compétition et Benz passait de son statut de premier grand constructeur automobile au monde à celui de concurrent secondaire, technologiquement dépassé par d'autres compagnies qui depuis avaient fait leur apparition.

The Velo was produced in several different versions, starting with the luxurious Comfortable in 1896, followed by the Ideal in 1898 with a longer wheelbase, more powerful engine and three-speed gearbox. 1899 saw the creation of the Dos-à-dos, derived from the Ideal but with a 2.7 litre flat, or boxer, engine; this replaced the Victoria and as the name suggests, had a particular bodywork for four people, sitting back to back. Further variants followed swiftly in the years between the two centuries, all named according to their particular bodywork: the Mylord, the Duc, the Charette, the Spider, the latter being one of the first examples of a two-seater sports car. Also worthy of a mention is the Break from 1899, which was an innovative front-driven car available in 8 or 12 seat versions, a precursor of the modern-day people-carrier, MPV or minivan.
In 1901 the range was renewed with the launch of the Tonneau, which would be accompanied the following year by the more refined Phaeton, available with 8, 12, 15 and 20 hp engines (in German, PS or Pferdestärke is the equivalent of horse power). This however was not sufficient to make up the gap to the competition and Benz went from being the first and largest automobile company in the world to a minor competitor that had been technologically overtaken by other firms that had sprung up in the meantime.

En haut à gauche : *la Benz Comfortable 2 PS (1896).*
En haut à droite : *l'Ideal 3 PS (1898).*
À gauche : *la Phaeton 15 PS (1902), plus moderne.*

*Top left:* the Benz Comfortable 2 PS (1896).
*Top right:* the Ideal 3 PS (1898).
*Left:* the more modern Phaeton 15 PS (1902).

Ceci entraîna des conflits entre Karl Benz et les autres actionnaires qui le conduisirent à prendre le large et à ouvrir son propre studio de conception technique. Un jeune ingénieur français, Marius Barbarou, fut appelé pour remplacer Benz et il mit très vite au point une série de moteurs flambant neufs, dont certains étaient destinés à la compétition automobile. L'entreprise Benz lança la Parsifal en 1902. Elle était proposée dans une large gamme de modèles et de versions, avec des moteurs allant d'un litre 8 PS à 5,9 litres 35 PS. Les Parsifal étaient des voitures très modernes pour leur époque et signifièrent une grande percée en matière de design : moteurs avant en ligne à refroidissement par air, transmission par arbre à Cardan et boîte de vitesse à quatre rapports. Pourtant, cela ne suffit pas à rattraper le retard, notamment en termes de compétition, et l'absence de grandes victoires conduisit au licenciement de Barbarou. Benz reprit sa place, malgré son désaccord avec la direction technique prise par son prédécesseur : il tenta d'améliorer les voitures mais finit par abandonner l'entreprise et préféra collaborer occasionnellement en tant que consultant.

This led to friction between Karl Benz and the other shareholders and he left to open up an independent engineering design studio. A young French engineer, Marius Barbarou, was called in to replace him and in a short period of time he designed a series of brand-new engines, including some that were destined for racing competition.

The Benz company introduced the Parsifal in 1902, which included a wide range of models and versions with engines from a one-litre 8 PS to a 5.9 litre 35 PS unit. The Parsifals were particularly modern cars for their time and they were a major breakthrough in design: front-mounted, in-line, air-cooled engines, Cardan shaft transmission and four-speed gearbox. Despite this, it was not enough to make up for lost ground, especially in racing, and a lack of important victories led to Barbarou losing his job. Benz returned to the company, despite not being in agreement with the technical direction traced out by his predecessor; he tried to improve the cars, but eventually abandoned the company and continued to collaborate occasionally as a consultant.

Dans le sens des aiguilles d'une montre, en commençant en haut à gauche : *la Parsifal 16-20 PS (1903), la 60 PS (1909), la 8-18 PS (1910) et la 50 PS (1909).*

*Clockwise, from top left:* the Parsifal 16-20 PS (1903), the 60 PS (1909), the 8-18 PS (1910) and the 50 PS (1909).

Le manque de réussite de la Parsifal conduisit à un remaniement interne et le nouveau Conseil d'administration décida qu'un renouvellement de la gamme s'imposait. Ainsi, en 1905, la production de la Parsifal cessa et Benz se concentra sur la tranche supérieure de la production automobile avec les nouvelles 18 PS, 28/30 PS et 35/40 PS ; puis, en 1908, une version 10/18 plus petite.

Ces années-là, la véritable compétition entre les marques se jouait essentiellement sur le segment de catégorie supérieure, où Mercedes était le constructeur à battre à tout prix. C'est pourquoi on décida de ne pas continuer avec la production de voitures à petits moteurs pour se concentrer sur le développement de modèles de luxe. En 1906, l'entreprise Benz présenta trois nouvelles voitures pour ses modèles haut de gamme : la 50 PS, la 60 PS et la 70 PS, équipées respectivement de moteurs quatre cylindres 7,5, 9,2 et même 9,8 litres. La 70 PS fut la première Benz à atteindre la vitesse incroyable – pour l'époque – de 100 km/h. Les directives commerciales devenaient plus claires et Benz poursuivit lors de la décennie suivante le développement de modèles de plus en plus chers et sophistiqués qui trouvèrent bientôt une niche au sein de l'aristocratie européenne.

*The lack of success of the Parsifal led to a corporate reshuffle and the new Board of directors decided that once again a renewal of the car range was required. In 1905 therefore the Parsifal went out of production and Benz concentrated on the higher bracket of car production, with the new 18 PS, 28/30 PS and 35/40 PS; and then in 1908, the smaller 10/18 version.*

*In those years the real competition between firms was being played out essentially in the higher class segment, where Mercedes was the company to beat at all costs. For this reason it was decided not to continue with small engine size cars, but to make a special effort in the development of luxury models. In 1906 the Benz company presented three new cars for its top-of-the-range models: the 50 PS, the 60 PS and the 70 PS, equipped respectively with 7.5, 9.2 and even 9.8 litre four-cylinder engines. The latter was the first Benz to reach the incredible speed – for the time – of 100 km/h.*

*The commercial guidelines were becoming clear and Benz continued in the next decade with the development of increasingly more expensive and refined models, which soon found a niche market with the European aristocracy.*

En haut *: la 39-100 PS hautes performances et son moteur d'avion de dix litres (1912).*
En bas *: la Benz 8-20 PS (1914).*

*Top*: the high-performance 39-100 PS with a ten-litre aero engine (1912).
*Bottom*: the Benz 8-20 PS (1914).

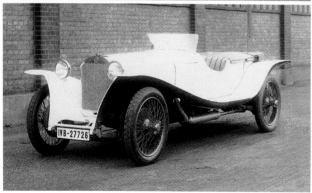

En haut à gauche : *la 29-60 PS (1914)*.
En haut à droite : *la 27-70 PS (1918)*.
À gauche : *la 16-50 PS Sport (1925)*.

*Top left*: the 29-60 PS (1914).
*Top right*: the 27-70 PS (1918).
*Left*: the 16-50 PS Sport (1925).

En 1912, l'entreprise proposa même deux automobiles équipées de moteurs aéronautiques, qui représentaient la technologie la plus avancée de l'époque : la 39/100 PS avec son moteur 10 litres et l'énorme 82/200 PS avec son moteur 21,5 litres capable d'atteindre 170 km/h.

Lorsque la Première guerre mondiale éclata, Benz, comme la plupart des autres industries européennes, adapta ses lignes de production au secteur de la guerre. L'Allemagne, qui sortit vaincue du conflit, se révélait un marché particulièrement difficile à la fin de la décennie, un marché où la voiture était non seulement un produit réservé à l'élite, mais aussi lourdement taxé.

Pour les entreprises comme Benz, qui visaient principalement le segment haut de gamme, la situation était encore plus critique. Le développement de modèles modernes, comme la Typ 260, continua mais les ventes baissèrent à un niveau inquiétant : à peine un millier par an. On laissa au soin du vieux Karl Benz de suggérer que la formation d'une alliance avec un constructeur concurrent pourrait contribuer à la création d'une synergie industrielle et réduire les coûts et les investissements.

*In 1912 the company even proposed a pair of motor cars equipped with aeronautical engines, which represented the most evolved technology for the time: the 39/100 PS with a 10 litre engine and the monumental 82/200 PS with a 21.5 litre engine capable of reaching 170 km/h.*

*When the First World War arrived, Benz, like virtually all the other European industries, converted its production lines to the war sector. Germany, which emerged defeated from the conflict, proved to be a particularly difficult market at the end of the decade, one where the automobile was not only a product for the elite but also a heavily taxed one.*

*For companies such as Benz, which were aimed mainly at the high customer bracket, the situation was even more critical. The development of new models such as the modern Typ 260 continued, but sales diminished to a worrying level, to just 1000 per year. It was left to the elderly Karl Benz to suggest that the formation of an alliance with a rival manufacturer would help to create industrial synergy and reduce costs and investments.*

# GOTTLIEB DAIMLER, WILHELM MAYBACH, EMIL JELLINEK ET SA FILLE MERCEDES

*Gottlieb Daimler, Wilhelm Maybach, Emil Jellinek and his daughter Mercedes*

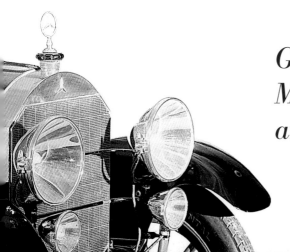

L'autre « moitié » de Mercedes-Benz était Daimler Motoren Gesellschaft, fondée en 1890 par Gottlieb Daimler et Wilhelm Maybach. Le premier, né à Schorndorf le 17 mai 1834 réussit malgré ses origines humbles (il était fils de boulanger) à se frayer un chemin jusqu'au lycée technique grâce à une excellente prédisposition pour le design et la technique. Il travailla dans plusieurs entreprises avant d'entrer chez Deutz, société appartenant à cinquante pour cent à Nikolaus Otto, l'inventeur du cycle à quatre temps (le cycle Otto) qui porte son nom.

Maybach est né à Heilbronn le 9 février 1846 ; fils de charpentier, ses deux parents moururent alors qu'il était très jeune et il fut recueilli par une organisation caritative à Reutlingen, où il étudia l'ingénierie. À 19 ans, ses capacités en design industriel attirèrent l'attention du directeur de l'atelier Gottlieb Daimler, qui le prit comme assistant en chef.

The other 'half' of Mercedes-Benz was Daimler Motoren Gesellschaft, founded in 1890 by Gottlieb Daimler and Wilhelm Maybach. The former was born in Schorndorf on March 17, 1834; despite his humble origins (he was the son of a baker), he managed to work his way through technical school thanks to an excellent predisposition for design and engineering. He worked in several different firms before ending up in the Deutz company, half-owned by Nikolaus Otto, the inventor of the four-stroke cycle (the Otto cycle) that bears his name.

Maybach was born in Heilbronn on February 9, 1846; the son of a carpenter, both his parents died when he was at an early age and he was taken in by a philanthropic institution at Reutlingen, where he studied engineering. When he was nineteen, his ability in industrial design brought him to the attention of the workshop manager Gottlieb Daimler, who adopted him as his chief assistant.

*La Motorkutsche (1886) fut la première automobile construite par Gottlieb Daimler.*

The Motorkutsche (1886) was the first automobile to be built by Gottlieb Daimler.

À gauche : *la Phönix 6 PS (1897).*
En haut : *la Mercedes 35 PS (1901), première Daimler à porter
le nom de la fille d'Emil Jellinek, qui l'avait commandée.*

*Left*: the Phönix 6 PS (1897).
*Top*: the Mercedes 35 PS (1901), the first Daimler car to bear
the name of the daughter of Emil Jellinek, who had commissioned it.

Les deux hommes étaient fascinés par les perspectives qu'offrait l'application du moteur à combustion interne aux moyens de transport, mais Otto n'était pas le moins du monde intéressé par les automobiles ; il essayait plutôt de l'utiliser comme énergie motrice pour les machines. Par conséquent, Daimler et Otto ne partageant pas le même point de vue, Daimler quitta Deutz en 1880 pour monter sa propre entreprise. Maybach ne tarda pas à le suivre et ils travaillèrent sur une série de projets qui donnèrent lieu à de belles inventions, comme le carburateur à gicleur (utilisé pendant plus d'un siècle par la quasi-totalité des automobiles), et les premiers véhicules automoteurs : la Reitwagen, littéralement première moto au monde, et la Motorkutsche, sorte de diligence motorisée en 1886.

En 1890, ils inaugurèrent une usine à Cannstatt, près de Stuttgart, pour la production de la Stahlradwagen (voiture à roues métalliques), qu'ils avaient présentée à Paris en octobre et qui avait suscité un intérêt considérable. Ceci peut être considéré comme le début officiel de la marque Daimler. Passer de la production de moteurs à la production de voitures exigeait cependant de gros investissements et des ressources importantes, ainsi le 28 novembre de la même année, l'entreprise devient une société d'État, Daimler Motoren Gesellschaft ou DMG, grâce au soutien de deux financiers, Max Von Duttenhofer et William Lorenz.

Both men were fascinated by the prospects of the internal combustion engine applied to means of transport, but Otto was not in the least bit interested in automobiles; instead, he intended it to be used as the driving force for machinery. As a result Daimler and Otto did not see eye-to-eye and in 1880 Daimler left the Deutz firm to set himself up on his own. Maybach soon followed him and they worked on a series of projects that produced some excellent inventions, such as the jet carburetor (used for more than a century by virtually all motor cars), and their first self-propelled vehicles: the Reitwagen, virtually the world's first motorcycle, and the Motorkutsche, a sort of motorized stagecoach in 1886.

In 1890 they inaugurated a factory at Cannstatt, near Stuttgart, for the production of the Stahlradwagen (steel wheel automobile), which they had presented in Paris the previous October and which had aroused considerable interest. This can be considered to be the start of the official Daimler brand. To switch from engine to motor car production however required considerable investments and resources, and so on November 28 of the same year, the firm was turned into a public corporation, Daimler Motoren Gesellschaft or DMG, with the backing of two financiers Max Von Duttenhofer and William Lorenz.

*Une grande Mercedes Simplex 40 PS (1903), carrosserie Phaeton.*

A large Mercedes Simplex 40 PS (1903), with phaeton body.

Beaucoup voyaient cela comme une sorte de pacte avec le diable puisque d'un côté la production put commencer mais de l'autre les désaccords étaient nombreux avec les nouveaux investisseurs. Ceux-ci soutenaient que la création de moteurs stationnaires était plus lucrative que la production automobile et ils allèrent jusqu'à proposer une fusion avec Deutz. Maybach quitta l'entreprise en 1891 tandis que Daimler fut contraint de céder sa part en 1893 et rejoignit une nouvelle fois son ami. Les deux hommes continuèrent à travailler ensemble en tant que concepteurs freelance.

Pendant ce temps, en 1892, la première voiture Daimler fut vendue. C'était une Schrödter-Wagen, engin à quatre temps alimenté par un moteur Vee-twin ; le premier client chanceux fut le Sultan du Maroc.

Le sort des deux ingénieurs allemands fut décidé par l'industriel britannique Frederick Richard Simms qui acheta en 1893 les droits de production des moteurs Daimler au Royaume-Uni. Plus tard, comme il ne faisait pas trop confiance à la direction, il fit pression pour que Gottlieb Daimler et Maybach reviennent. Avec la collaboration du fils de Daimler, Paul, ils se mirent immédiatement à travailler sur la mise au point du moteur Phoenix quatre cylindres (le premier au monde) qui conduisit à la création de la voiture éponyme en 1897.

*It was considered by many to be a sort of 'pact with the devil', because on the one hand production successfully got underway, while on the other hand there were various disagreements with the new investors, who maintained that the creation of stationary engine capacity was more lucrative than automobile production and who even proposed a merger with Deutz. Maybach left the company in 1891, while Daimler was forced to yield his part of the ownership in 1893 and again join up with his friend, both men continuing to collaborate as freelance designers.*

*Meanwhile in 1892 the first Daimler automobile had been sold. It was a Schrödter-Wagen, a four-cycle machine powered by a Vee-twin engine; the lucky first customer was the Sultan of Morocco.*

*The fate of the two German engineers was decided by the British industrialist Frederick Richard Simms, who in 1893 bought the production rights for Daimler engines in the United Kingdom, and as he lacked confidence in the management, pressed for the return of Gottlieb Daimler and Maybach later on. With the collaboration of Daimler's son, Paul, work immediately began on the development of the Phoenix four-cylinder engine (the first in the world), and this led to the creation of the car of the same name in 1897.*

La production automobile connut un véritable tournant en 1900, lorsque l'aristocrate Emil Jellinek commanda une nouvelle voiture. Jellinek était un riche entrepreneur d'origine allemande qui vivait à Nice et jonglait entre son emploi officiel de Consul général d'Autriche en France et celui de concessionnaire automobile auquel il se consacra davantage durant les dernières années du XIXe siècle. Il était entré en contact avec Daimler pour commercialiser ses voitures sur la Côte d'Azur.

Jellinek était non seulement exigeant et difficile à contenter, mais aussi fasciné par tout ce qui avait trait à la vitesse. Il commanda une Phoenix mais ne fut point satisfait. Ainsi, en 1900, il fit pression pour obtenir une voiture de sport d'au moins 35 chevaux, plus longue, plus basse et plus large que toutes celles qui avaient été construites jusqu'alors ; il demanda en plus que la voiture porte le nom de sa fille, Mercedes.

Malheureusement, Daimler n'eut pas la chance de voir le résultat puisqu'il mourut le 6 mars, tandis que la voiture à 35 chevaux, récemment baptisée Mercedes, vit le jour à la fin de l'année. La voiture remporta un succès immense, tout comme la version tourisme qui en dériva. Jellinek fut invité à devenir membre du Conseil d'administration de DMG et à partir de 1902, la marque Mercedes fut adoptée pour tous les nouveaux modèles.

*A true turning-point for automobile production came about in 1900, when the aristocrat Emil Jellinek commissioned a new car. Jellinek was a wealthy entrepreneur of German origin who lived in Nice, and who alternated his official day job as Austrian Consul General in France with that of motor car dealer, to which he was now devoting more attention in the final years of the Nineteenth century. He then got in touch with Daimler for the sale of his cars in the French Riviera.*

*Jellinek was not only demanding and hard-to-please, but he was also fascinated by anything to do with speed. He placed an order for a Phoenix car but wasn't satisfied and in 1900 he pressed for a sports car that had at least 35 hp and which was longer, lower and wider than anything that had been built previously; he also asked for the car to bear the name of his daughter Mercedes. Unfortunately Daimler never got round to seeing this as he died on March 6, while the newly-christened Mercedes 35 PS was ready at the end of the year. The car was an enormous success, even in the touring version that was derived from it. Jellinek was invited to become a member of the DMG Board of Management and from 1902 onwards the brand-name Mercedes was adopted for all new models.*

En haut à gauche : *la Mercedes 22-35 PS (1909).*
En bas à gauche : *l'évolution de 1910, la 22-40 PS.*
Page suivante : *le premier véhicule tout-terrain à quatre roues motrices de l'histoire, la Dernburg-Wagen (1907), du nom du secrétaire d'État allemand aux colonies, Bernhard Dernburg, qui l'utilisait en Afrique.*

*Top left*: the Mercedes 22-35 PS (1909).
*Bottom left*: its 1910 evolution, the 22-40 PS.
*Next page*: the first four-wheel-drive off-road vehicle in history, the Dernburg-Wagen (1907), named after the Secretary of State of the German Colonies Bernhard Dernburg who used it in Africa.

La gamme fut bientôt élargie avec l'apparition de la 8/11PS et de la 12/16PS, qui avaient respectivement des moteurs 1,8 et 2,9 litres. Maybach conçut ensuite la Simplex, autre jalon de l'histoire de Mercedes, fabriquée de 1902 à 1910 en plusieurs versions et toutes dotées de gros moteurs allant de 4 à 10 litres. Afin d'offrir plus de modèles et des voitures plus puissantes en réponse aux demandes du marché, l'augmentation de la taille du moteur était la voie choisie par la plupart des concurrents de l'entreprise car accroître l'efficacité des moteurs n'était pas chose facile.

La philosophie qui se cachait derrière ce nouveau type de voiture à une époque encore clairement pionnière, était de garantir le « confort par la simplicité », d'où le nom « Simplex ». Ce modèle fut largement vendu par Mercedes à des clients de la haute société et, en 1907, deux nouvelles voitures firent leur apparition avec un moteur six cylindres inédit : la 37/65PS et la 39/85PS.

Le premier véhicule tout-terrain à quatre roues motrices de l'histoire fut créé la même année : la Dernburg-Wagen, dont le nom était celui du Secrétaire d'État aux colonies allemandes, Bernhard Dernburg, qui en fit la commande et l'utilisa en Afrique pendant un temps.

*The range was soon enlarged with the 8/11PS and the 12/16PS, which had 1.8 and 2.9 litre engines respectively. Then Maybach designed the Simplex, another milestone in Mercedes history, produced from 1902 to 1910 in various versions and all with a large engine size ranging from 4 to 10 litres. In order to offer more and more powerful cars, as the market demanded, an increase in engine size was the usual path followed by many of the company's competitors as it was not that simple to make engines more efficient.*

*The philosophy behind this new type of car in a still pioneering era, was to guarantee 'comfort by means of simplicity', hence the name; the Simplex brought the Mercedes brand a large number of sales amongst high society clients and in 1907 two new cars were available with a six-cylinder engine for the first time: the 37/65PS and the 39/85PS.*

*That same year also saw the arrival of the first off-road four-wheel-drive vehicle in history: the Dernburg-Wagen, the name of which came from the Secretary of State of the German colonies, Bernhard Dernburg, who placed an order and used it in Africa for a while.*

La gamme Mercedes connut ensuite un renouvellement majeur entre 1909 et 1910, époque où la production de la Simplex cessa. Elle laissa en héritage plusieurs familles de véhicules quatre cylindres, la 10PS, la 14 PS, la 22PS et la 28PS, première voiture à abandonner la transmission par chaîne pour la transmission par arbre à joint de Cardan (ou arbre de transmission). En revanche, les voitures haut de gamme revinrent au moteur quatre cylindres avec les nouvelles 37/90PS et 38/70PS.

Pendant ce temps, grâce aux avancées techniques et à la volonté constante d'accroître la fiabilité par la simplification, Mercedes lança une gamme parallèle de véhicules appelés Knight, du nom de l'inventeur américain (Charles Yale Knight) qui avait breveté le moteur sans soupapes éponyme. La production débuta par la luxueuse Knight 16/40, qui fut suivie en 1912 par la 10/30 et la 25/65.

Le désir de devenir leader technologique en construisant des voitures démesurément chères et de prouver le potentiel de l'entreprise, força Daimler à proposer des modèles équipés de moteurs dérivant de l'aéronautique, comme le faisait son principal concurrent.

*The Mercedes range then underwent a major renewal between 1909 and 1910 when the glorious Simplex went out of production. Its legacy was inherited by several different families of four-cylinder vehicles, the 10PS, the 14PS, the 22PS and the 28PS, which was the first car to abandon chain drive for Cardan joint shaft drive (or propeller shaft). The cars at the top of the range instead once again reverted back to four-cylinder engine power with the new 37/90PS and 38/70PS.*

*At the same time, with technical progress and the constant aim of increasing reliability by simplification in mind, Mercedes launched a parallel range of cars called Knight, from the name of the American inventor (Charles Yale Knight) who had patented the sleeve valve engine of the same name. Production got underway with the luxurious Knight 16/40, which was followed in 1912 by the 10/30 and the 25/65.*

*The desire to be technological leader by building exorbitantly priced cars to show off the company's potential forced Daimler to offer cars equipped with aero-derived engines, just like its main competitor.*

Page précédente, sens des aiguilles d'une montre, en commençant en haut à gauche : *la Mercedes 28-50 PS (1910), la 37-90 PS (1911), la Knight 25-65 PS (1912) et la 22-50 PS (1912). En haut : la 28-95 PS hautes performances, avec son moteur d'avion de sept litres.*

*Previous page, clockwise from top left*: the Mercedes 28-50 PS (1910), the 37-90 PS (1911), the Knight 25-65 PS (1912) and the 22-50 PS (1912). *Top*: the high-performance 28-95 PS, with a seven-litre aero engine.

*La Mercedes Knight 16-45 PS (1916) et son moteur à soupape.*

The valve engine Mercedes Knight 16-45 PS (1916).

La première fut la 46/100PS en 1913, alimentée par un moteur 12 litres qui en dépit de son énorme cylindrée, restait fidèle à l'architecture quatre cylindres chère à Paul Daimler. Deux ans plus tard, ce fut le tour de la 79/200PS avec un moteur six cylindres en ligne 20,5 litres et finalement, en 1917, la 92/160PS, construite en réunissant deux moteurs plus petits pour obtenir ainsi un incroyable huit cylindres de 24 litres. Pendant ce temps, en 1914, la 28/95PS dotée d'un moteur d'avion plus petit de 7 litres seulement, fut également créée. Sa production dura une dizaine d'années et atteignit un nombre d'exemplaires considérable. On peut la considérer à juste titre comme l'ancêtre des Mercedes qui lui succédèrent, capables d'allier raffinement et hautes performances.

La production de voitures Daimler continua, mais à un rythme inférieur, pendant la Grande guerre. L'Allemagne en sortit vaincue et fut touchée par une grave crise économique. L'inflation galopante frappa durement l'industrie automobile, notamment le marché du luxe. Les progrès techniques continuèrent mais les méthodes de production s'avéraient incapables de suivre le rythme, et la construction des Mercedes devenait de moins en moins rentable, surtout par rapport à la concurrence étrangère.

*The first was the 46/100PS in 1913, which was powered by a 12-litre engine that despite its enormous displacement, remained faithful to the four-cylinder architecture preferred by Paul Daimler; two years later came the 79/200PS with a 20.5 litre six-cylinder in-line engine and finally, in 1917, the 92/160PS, which was built by joining together two engines of the smaller version, in this way obtaining an incredible eight-cylinder 24-litre engine. Meanwhile in 1914 there had also been the 28/95PS, a car with a smaller sized aero engine, just 7 litres, which remained in production for a decade and which was produced in a relatively high number. It can be rightly considered to be the forerunner of the Mercedes cars that followed it, which were capable of matching finish with high performance.*

*Daimler car production continued, albeit at a slower pace, during the Great War. Germany however emerged as a defeated country and a serious economic crisis followed, with rampant inflation that heavily penalized the automobile industry, in particular the luxury market. Technological development did not stop, but production methods were unable to keep pace and building Mercedes cars became increasingly less sustainable, especially in the face of strong foreign competition.*

En 1921, une voiture de légende fut malgré tout conçue : la 6/25/40. Il s'agissait de la première voiture de série au monde dotée d'un moteur suralimenté. Son compresseur volumétrique Roots, en dépit de ses 1,6 litres, développait une puissance allant de 25 chevaux, pour le type à aspiration normale, à 40 chevaux avec un surpresseur. Elle fut immédiatement suivie par une version supérieure, la 10/40/65, avec un moteur 2,6 litres.

En 1922, le rôle du directeur technique fut confié à un ingénieur célèbre, Ferdinand Porsche, qui développa la famille des voitures suralimentées dont la 15/70/100PS 3,9 litres et la monumentale 24/100/140PS, 6,2 litres.

Le marché automobile européen s'effondrait et l'Allemagne plus que nul autre pays en ressentait les effets. Les ventes annuelles atteignant à peine 50 000 voitures, dont la plupart étaient étrangères, seule Opel – qui produisait à grande échelle – réussissait à survivre, tandis que tous les autres constructeurs nationaux semblaient sur le point de fermer. Daimler fut ainsi contrainte de fusionner avec son plus grand rival, Benz, afin de partager les coûts en matière de recherche et de développement. Toutefois, la situation économique empira et en 1925, les deux constructeurs ne purent produire que 3666 voitures, un chiffre qui allait encore baisser l'année suivante, avec 2000 voitures.

*Nevertheless in 1921 a historically significant car - the 6/25/40 – was introduced. This was the first production car in the world to have a supercharged engine. It was equipped with a Roots volumetric compressor that boosted power output from 25 hp in normally-aspirated form to 40 hp with a supercharger, despite its small 1.6 litre cylinder size. It was immediately followed by a larger version, the 10/40/65 with a 2.6 litre engine.*

*In 1922 the role of technical director was taken on by a famous designer, Ferdinand Porsche, who further developed the family of supercharged cars with the 3.9 litre 15/70/100PS and the monumental 6.2 litre 24/100/140PS. The European car market was by now collapsing and Germany was feeling the effects more than other countries, with yearly sales of just 50,000 cars, most of which were foreign; only Opel – which produced cars in large numbers – managed to survive, while all the other national car companies appeared to be on the point of closing down. As a result Daimler was forced into a merger with its chief rival, Benz, in order to share research and development costs. However the economic situation worsened even further and in 1925 the two manufacturers were only able to produce a total of 3,666 cars, a figure that would drop to slightly more than 2,000 the following year.*

En haut : *la Mercedes 6-25-40 PS (1921) fut la première automobile au monde dotée d'un moteur suralimenté à compresseur volumétrique.*
En bas : *une Knight 16-50 PS (1924).*

*Top*: the Mercedes 6-25-40 PS (1921) was the first automobile in the world to have a supercharged engine, with a volumetric compressor.
*Bottom*: a Knight 16-50 PS (1924).

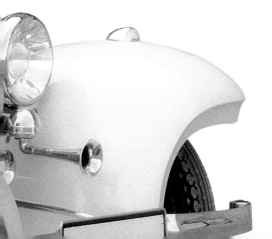

# UNE FUSION À L'ORIGINE DE LA DÉNOMINATION MERCEDES-BENZ

*A merger creates
the Mercedes-Benz
brand-name*

En plus de la crise économique, le destin de Daimler et Benz devait faire face à un autre problème. Durant les années qui suivirent la Première guerre mondiale, de nombreuses actions des deux sociétés avaient été achetées par Jakob Schapiro, un affairiste ukrainien qui avait spéculé avec l'inflation et le crédit. Les banques des deux entreprises étaient plutôt perturbées par sa présence de plus en plus menaçante au Conseil d'administration et réfléchirent donc à un plan pour l'en exclure avec le soutien de la Deutsche Bank. Celle-ci récupéra la plupart de ses lettres de change puis exigea à Schapiro le montant dû en espèces, le forçant ainsi à céder des actions en échange. À ce moment-là, le seul moyen d'éviter la banqueroute était de revitaliser la gamme de produits et de normaliser la conception, la production et les ventes en fusionnant les deux sociétés.

C'est ainsi que le 29 juin 1926, Daimler Motoren Gesellschaft absorba Benz & Cie et prit le nom de Daimler-Benz AG. On décida que les voitures prendraient la marque Mercedes-Benz et que l'emblème serait une étoile à trois branches symbolisant « la terre, l'eau et l'air » entourée par la couronne de laurier traditionnels de Karl Benz.

*Daimler and Benz's destiny also faced another problem in addition to the economic crisis. In the years that followed the First World War, numerous shares of both companies had been bought up by Jakob Schapiro, a Ukrainian wheeler-dealer who had been speculating with inflation and credit. The banks behind both companies were rather perturbed by his increasingly menacing presence in the Board of Management and as a result thought up a plan to expel him with the support of Deutsche Bank. The latter took over the majority of his bills of exchange and at a certain moment, demanded the amount due in cash, forcing him to yield shares in exchange. At that point the only way to avoid bankruptcy was to totally revitalize the product range and standardize design, production and sales by merging the two firms.*

*As a result, on June 29, 1926 Daimler Motoren Gesellschaft absorbed Benz & Cie. and took the new name of Daimler-Benz AG; it was decided that the cars would be branded under the name Mercedes-Benz and their trademark would be a three-pointed star, representing 'land, water and air', and surrounded by Karl Benz's traditional laurels.*

*Le logo Mercedes-Benz est l'association
de la couronne de laurier et de l'étoile à trois branches
de Daimler-Mercedes, qui représente les trois secteurs
de l'ingénierie : la terre, la mer et le ciel.*

The Mercedes-Benz logo came about from
a combination of the Benz laurel wreath together with
the Daimler-Mercedes three-pointed star,
which represented the three engineering sectors:
land, sea and sky.

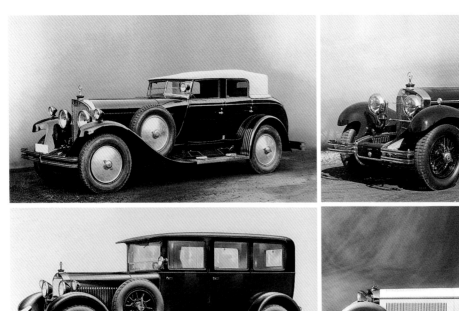
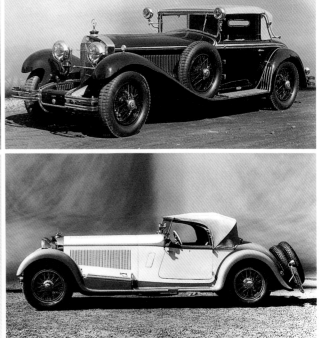

À partir de là, les voitures Mercedes-Benz seraient toujours identifiées par une lettre suivie par un numéro progressif. Étant donné que ces dénominations commerciales sont souvent répétitives, dépendant de la cylindrée (les centimètres cubes du moteur avec un zéro en moins) et, plus récemment de la catégorie de la voiture, le numéro du projet conception sera ajouté entre parenthèses afin de pouvoir distinguer plus facilement les différents modèles.

Le premier nouveau modèle fut la 140 (W01), une petite voiture présentée au Berlin Motor Show en 1926 qui n'intéressait pas beaucoup la direction de l'entreprise et ne fut finalement pas produite. La gamme se basait donc sur un modèle d'entrée doté d'un moteur deux litres, six cylindres, la 8/38PS (W02), rebaptisée Typ 200 Stuttgart ; un modèle à moteur supérieur de trois litres, la 12/55PS (W03) renommée Typ 300, et deux modèles de luxe hérités de l'ancienne production de Daimler, la 15/70/100PS et la 24/100/140PS, respectivement baptisées Typ 400 et Typ 630.

From this point onwards Mercedes-Benz cars would always be identified by a letter followed by a progressive number; since these commercial denominations are often repetitive, tied to cylinder size (the cubic centimetres of the engine with one less zero) and in more recent times to the category of car, from here on always we will include in brackets the project design number in order to make it easy to distinguish between them. The first new model was the 140 (W01), a small car presented at the Berlin Motor Show in 1926, which company management viewed with scarce interest and in the end decided not to produce. The range was therefore based on an entry model with a two-litre, six-cylinder engine, the 8/38PS (W02) that would later be renamed Typ 200 Stuttgart; a large-engined three-litre model, the 12/55PS (W03) that would be renamed Typ 300, and two luxury models inherited from Daimler's previous production, the 15/70/100PS and the 24/100/140PS, which would respectively be called Typ 400 and Typ 630.

Sens des aiguilles d'une montre, en commençant en haut à gauche : *trois modèles hautes performances produits durant les premières années de Mercedes-Benz, une 24-100-140 PS (1926) et sa carrosserie signée Saoutchik, designer français, une SS (1928) et sa carrosserie italienne signée Castagna et une SS Roadster et sa carrosserie de série ;* en bas à gauche : *la berline 12-55 PS (W03) de 1927.*

*Clockwise from top left:* three high-performance models produced in the early years by Mercedes-Benz, a 24-100-140 PS (1926) with bodywork by French designer Saoutchik, an SS (1928) with Castagna bodywork in Italy and an SS Roadster with production line bodywork. *Bottom left*: the 12-55 PS (W03) saloon car from 1927.

L'étape suivante est un chapitre important de l'histoire de l'entreprise qui découla d'une intuition de Ferdinand Porsche, homme capable de transformer le peu de ressources disponibles en succès. Afin de satisfaire les clients les plus exigeants, qui prétendaient atteindre des performances maximales avec le modèle phare de la marque, l'ingénieur autrichien développa le châssis de la Typ 630K (*kurz*, court) et le moteur six litres suralimenté en le portant à 6,8 litres. La Typ 680S (W06) fut présentée début 1927 et fit ses débuts en course au mois de juin à Nürburgring, pilotée par Rudolf Caracciola. C'était une voiture de sport exceptionnelle, conçue pour les conducteurs gentlemen en quête de performances excitantes sur la route, mais avec un œil sur la piste. Elle était très chère et son impact ne fut pas des moindres, avec ses six pots latéraux, et elle devint une icône. C'était le rêve inatteignable de tous les automobilistes d'Europe et la meilleure carte de visite que Mercedes-Benz aurait jamais pu espérer.

Elle fut améliorée à la fin de l'année pour devenir la Typ 710SS (Super Sport), dont le moteur était supérieur mais adouci, et la Typ 720 SSK (Super Sport Kurz), plutôt destinée à la course. La famille W06 connut une autre avancée en 1931 avec la célèbre SSKL, une version plus légère exclusivement destinée à la compétition automobile.

*The next step was an important chapter in the history of the company and it came from an intuition by Ferdinand Porsche who was able to transform the scarce resources available into a successful venture. To satisfy the most demanding clients, who pretended top performance from the company's flagship model, the Austrian engineer further developed the chassis of the Typ 630K (Kurz, short) and the six-litre supercharged engine by boring it out to 6.8 litres. The Typ 680S (W06) was presented at the start of 1927 and in June made its racing debut at the Nurburgring, driven by Rudolf Caracciola. It was an exceptional sports car, designed for gentlemen drivers in search of exciting performance on the road, but also with one eye on the track. It was very expensive and made quite an impact, with its six side exhausts pipes becoming an icon of the time. It was the impossible dream for all European motorists and the best visiting-card that Mercedes-Benz could ever wish for.*

*This was then evolved at the end of the year into the Typ 710SS (Super Sport) version, whose engine size was increased but toned down, and the Typ 720 SSK (Super Sport Kurz), which was meant more for racing. The W06 family underwent another development in 1931 with the famous SSKL, a lightened version exclusively destined for racing competition.*

*L'extraordinaire Typ 680S (W06) de 1927, signée Ferdinand Porsche.*

The extraordinary Typ 680S (W06) from 1927, designed by Ferdinand Porsche.

*La Typ 460 Nürburg (W08), offerte au pape Pi XI par Mercedes-Benz en 1928.*

The Typ 460 Nürburg (W08), donated to Pope Pius XI by Mercedes-Benz in 1928.

La Typ 300 faisait constamment l'objet d'améliorations pour de meilleurs résultats, devenant la Typ 320 (W04) en 1928 et la Typ 350 (W05/W09) en 1928, avant d'être remplacée en 1929 par la nouvelle Typ 350 Mannheim (W10).

La même année, la Typ 200 Stuttgart, qui avait rencontré un certain succès, devint la Typ 260 (W11), avec un moteur légèrement plus gros. Les modèles phare, désormais obsolètes à l'exception de la voiture de sport Typ S difficilement transformable en berline ou en limousine, avaient été renouvelés l'année précédente avec l'introduction de la Typ 460 Nürburg (W08). Elle dut affronter la concurrence exacerbée du segment des voitures de luxe ; chose peu habituelle pour l'époque, la marque proposa une version blindée équipée de vitres incassables. Un exemplaire fut d'ailleurs offert par le fabricant allemand au pape Pie XI.

De plus, en 1930, le Mondial de l'automobile de Paris fut le décor du lancement de la Typ 770 Großer Mercedes (W07), voiture qui pendant plus de dix ans resta l'automobile la plus chère, la plus exclusive et la plus luxueuse disponible en Europe.

The Typ 300 was continually developed in the search for higher performance, becoming Typ 320 (W04) in 1927 and Typ 350 (W05/W09) in 1928, before being replaced in 1929 by the new Typ 350 Mannheim (W10).

In the same year the Typ 200 Stuttgart, which had met with a certain success, was transformed into the Typ 260 (W11), with a slightly bigger engine. The flagship models, by now obsolete with the exception of the Typ S sports car that could hardly be turned into a saloon car or limousine, had in the meantime been renewed the previous year with the introduction of the Typ 460 Nürburg (W08). This went up against stiff competition in the luxury car segment; rather unusually for the period, an armour-plated version was also available with unbreakable glass windows. One car was also donated by the German manufacturer to Pope Pius XI.

In addition, the Paris Motor Show in 1930 saw the launch of the Typ 770 Großer Mercedes (W07), a car that for more than a decade was the most expensive, exclusive and luxurious automobile on sale in Europe.

Sa taille et son prix lui permirent de devenir rapidement un « must » pour tous les chefs d'État du monde, de l'ancien empereur Guillaume II à l'empereur Hirohito du Japon, qui en acheta sept ! Elle était alimentée par un moteur huit cylindres 7,7 litres, un grand nombre de carrosseries étaient proposées, toit ouvert ou fermé, et il existait également un modèle suralimenté, la Typ 770K. La fusion entre Daimler et Benz fut couronnée de succès mais la crise économique frappait encore plus durement en Allemagne qu'ailleurs et en 1933 Adolf Hitler arriva au pouvoir profitant d'une vague de mécontentement populaire. Une des priorités du dictateur allemand était clairement la remise sur pieds de l'industrie allemande et l'automobile était, selon lui, un des secteurs clé. Il mit donc en place des incitations fiscales pour l'achat de nouvelles voitures et réussit bientôt à relancer le marché de l'automobile. En 1931, Mercedes-Benz avait déjà lancé la voiture qui allait devenir le « best-seller » de la décennie à venir : la Typ 170 (W15). En 1933, la marque continua le renouvellement de sa gamme avec la Typ 200 (W21), la Typ 290 (W18) et la Typ 380 (W22) ; toutes ces voitures étaient signées Hans Nibel, directeur technique ayant remplacé Porsche.

*Its size, and relative price tag, ensured that it soon became a 'must' for every Head of State in the world, from the former Kaiser Wilhelm II to Emperor Hirohito of Japan, who purchased seven! It was powered by an eight-cylinder 7.7 litre engine, was available in numerous different bodywork versions, open or closed top, and there was even a supercharged model, the Typ 770K. The merger between Daimler and Benz appeared to be a success, but the economic crisis hit Germany more than anywhere else and in 1933 Adolf Hitler came to power on a wave of popular discontent; one of the priorities of the dictator was clearly to get German industry back into shape and the automobile was, in his view, one of its key areas. For this purpose he granted tax incentives for the purchase of new cars and soon succeeded in kick-starting the car market. In 1931 Mercedes-Benz had already launched the car that was to become its biggest seller for the next decade, the Typ 170 (W15), and in 1933 it completed the renewal of its range with the Typ 200 (W21), Typ 290 (W18) and Typ 380 (W22); all these cars were designed by Hans Nibel, who had replaced Porsche as chief technical director.*

*La Typ 200 Stuttgart de 1928 (W11) était en fait l'ancienne 8/38 PS (W02) de 1926, simplement rebaptisée.*

*The Typ 200 Stuttgart from 1928 (W11) was actually the old 8/38 PS (W02) from 1926 with a name change.*

L'année suivante, l'offre fut élargie en haut de gamme et bas de gamme. Il s'agissait tout d'abord d'ajouter une voiture économique, ce qui était parfaitement en accord avec la volonté d'Hitler de motoriser les masses. Le résultat d'une longue étude fut la Typ 130 (W23), présentée lors du selon berlinois de l'automobile et étrangement équipée d'un moteur 1,3 litre monté à l'arrière. Elle restait cependant trop onéreuse pour le rôle ambitieux qu'on lui avait confié et rencontra un succès mitigé, tout comme la version cabriolet de l'année suivante, la Typ 150 (W30). Côté haut de gamme, Mercedes-Benz hissa les standards encore plus haut quand, seulement un an plus tard, la Type 380 fut remplacée par la Typ 500K (W29). Avec un moteur cinq litres suralimenté encore plus puissant et plus sophistiqué, cette voiture de sport vedette à hautes performances, héritière des glorieuses S et SSK, était disponible en plusieurs types de carrosseries, y compris trois cabriolets et deux coupés, ou vendue « nue » aux meilleurs carrossiers du moment afin qu'ils créent leurs propres versions exclusives.

*The following year the offer was widened both downwards and upwards. In the first case it was simply a matter of adding a cheap car, which was fully in line with Hitler's intention of motorizing the masses; the result of a lengthy design study, the Typ 130 (W23) was presented at the Berlin Motor Show and most unusually, was powered by a 1.3 litre rear-mounted engine. It was however still far too expensive for the ambitious role it had been destined for and did not have much success, and neither did the cabriolet version that followed the year after, the Typ 150 (W30). In the other direction Mercedes-Benz pushed the benchmark even higher when after just one year the Typ 380 was replaced with the Typ 500K (W29), with an even larger and more refined five-litre supercharged engine; as a flagship sports car and high performance car model, the heir to the glorious S and SSK was available in several different types of bodywork, including three different cabriolets and two coupés, or sold 'naked' to the best coachbuilders of the time for their exclusive versions.*

*La célèbre Typ 720 SSK (W06) de Mercedes-Benz datant de 1929, l'une des voitures les plus chères et les plus modernes jamais fabriquées.*

The famous Mercedes-Benz Typ 720 SSK (W06) from 1929 was one of the most expensive and technologically advanced cars ever built.

En haut à gauche : *une Typ 460K Nürburg (W08) de 1929, version sport à empattement court.*
En bas à gauche : *la petite Typ 170 (W15) de 1931.* En haut à droite : *la Typ 200 (W21) moderne de 1933.*
*Page suivante : la Typ 260 Stuttgart (W11) de 1929.*

*Top left*: a Typ 460K Nürburg (W08) from 1929 was a short wheelbase sporting version.
*Bottom left*: the small Typ 170 (W15) from 1931. *Top right*: the modern Typ 200 (W21) from 1933.
*Next page:* the Typ 260 Stuttgart (W11) from 1929.

*L'imposante berline de fonction,
la Typ 770 Großer (W07) de 1930
était alimentée par un moteur
huit cylindres de 7,7 litres.*

The massive executive saloon car,
the Typ 770 Großer (W07) from 1930,
was powered by an eight-cylinder
7.7 litre engine.

En haut à gauche *: la Typ 130 (W23),
petite mais futuriste de 1934.*
En bas à gauche *: la version
à empattement long de Typ 200 (W21)
lancée en 1934.*
Page suivante *: la Typ 290 (W18) de 1933.*

*Top left*: the small but futuristic
rear-engined Typ 130 (W23) from 1934.
*Bottom left*: the long-wheelbase
version of the Typ 200 (W21)
introduced in 1934.
*Next page*: the Typ 290 (W18)
from 1933.

*La Typ 380 (W22) de 1933 était le modèle haut de gamme Mercedes-Benz au début des années 1930 ;* en haut *: la berline ;* à droite *: l'élégant Cabriolet B.*

The Typ 380 (W22) from 1933 was the top-of-the-range Mercedes-Benz model in the early 1930s; *top*: the saloon; *right*: the elegant Cabriolet B type.

Nibel mourut soudainement et sa place fut prise par l'ancien pilote de course Max Sailer, qui apporta des améliorations au modèle et lança la Typ 540K en 1936. Elle devint la voiture préférée du Führer qui en commanda une version blindée pour lui et un superbe cabriolet pour sa compagne Eva Braun.

1936 marqua un nouveau tournant pour toute la production de Mercedes-Bez : la gamme fut à nouveau entièrement renouvelée avec la Typ 170H (W28), héritière de la Typ 130 ; la nouvelle Typ 170V (W136, V signifiant *vorn* « avant » afin de la distinguer du modèle à moteur arrière *Heck*), la Typ 230 (W143) et la Typ 260D (W138). Celle-ci était une véritable innovation puisqu'elle fut la première voiture de série au monde à être équipée d'un moteur Diesel, un secteur dans lequel l'entreprise allemande règnerait en maître pendant de longues années. Le renouvellement de la gamme s'acheva en 1937 avec la Typ 320 (W142), tandis que le modèle phare fut remplacé en 1938 par la nouvelle génération de la Typ 770 Großer, la W150.

After the sudden death of Nibel, his place was taken by the former racing driver Max Sailer, who made further improvements and produced the Typ 540K in 1936. This became the preferred car of the Führer, who ordered an armour-plated version for himself and a splendid cabriolet which he gave to his companion Eva Braun.

1936 was another turning-point for Mercedes-Benz's entire production: the range was totally renewed once again with the Typ 170H (W28), the heir to the Typ 130; the new Typ 170V (W136, where the V stood for Vorn 'front' to distinguish it from the rear-engined Heck), the Typ 230 (W143) and the Typ 260D (W138). The latter was a true innovation because it was the first production car in the world to be fitted with a Diesel engine, a sector in which the German company would be the leader for many years. The renewal of the range concluded in 1937 with the Typ 320 (W142), while the flagship model was replaced in 1938 with a new generation of the Typ 770 Großer, the W150.

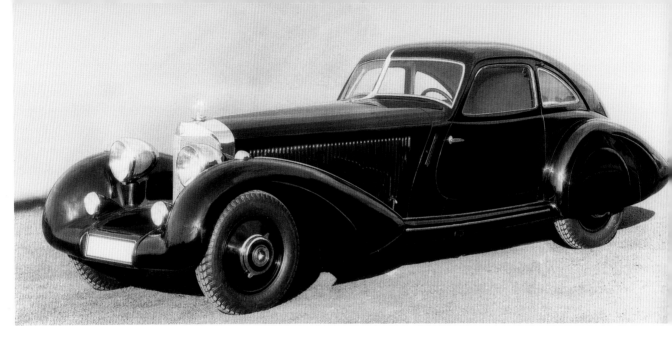

*La Mercedes-Benz 500K (W29) de 1934, avec son moteur suralimenté de cinq litres, était un chef-d'œuvre d'ingénierie ;
la carrosserie Autobahn-Kurier incroyablement aérodynamique la rendit encore plus prestigieuse.*

The Mercedes-Benz 500K (W29) from 1934, with its five-litre supercharged engine, was an engineering masterpiece;
the extraordinarily aerodynamic Autobahn-Kurier body work makes it even more glamorous.

À partir de 1936, le programme de réarmement allemand commença à rationnaliser et à limiter la production automobile. Daimler-Benz ne fut pas tout de suite incluse dans ce plan mais en 1939 toute production considérée inutile à l'effort de guerre fut stoppée. Seule la Typ 170V fut maintenue car elle existait en version militaire et donc considérée comme stratégique.

Celle-ci ainsi que quelques modèles de la Typ 230 et de la Typ 340WK (*Wehrmachtskübelwagen,* véhicule militaire) furent les dernières voitures construites en Allemagne avant la chute du nazisme.

*From that year onwards the German rearmament programme began to rationalize and limit car production; at first Daimler-Benz was not included in this plan, but in 1939 all production not considered useful to the war effort was stopped and it only continued for the Typ 170V, which already existed in a military version so it was therefore considered strategic. Together with a few examples of the Typ 230 and Typ 340WK* (Wehrmachtskübelwagen, *military vehicle), it was the last automobile built in Germany before the fall of National Socialism.*

*Dès le milieu des années 1920, Mercedes-Benz se mit à produire des véhicules tout-terrain à six roues, conçus pour être utilisés dans les colonies puis développés à des fins militaires.* Page suivante : *la G4 (W31) de 1934.*

From the mid-1920s onwards Mercedes-Benz started to produce six-wheeled off-road vehicles, designed for use in the colonies but then developed for military purposes. *Next page*: the G4 (W31) from 1934.

*Deux voitures hautes performances, aux deux extrémités de la gamme Mercedes-Benz :*
à gauche, *la petite Typ 170V (W136) Cabriolet de 1936 et en bas, le puissant coupé Typ 540K (W29) de l'année précédente.*

Two high-performance cars from opposite ends of the Mercedes-Benz range;
*left:* the small Typ 170V (W136) Cabriolet from 1936; *bottom:* the powerful Typ 540K coupé (W29) from the previous year.

*La Typ 150 (W30) de 1935 fut une tentative de mise au point d'une petite voiture à moteur arrière ; elle n'eut pas beaucoup de succès.*

The Typ 150 (W30) from 1935 was an attempt to develop a small rear-engined car; it was only produced as a spider and did not have much success.

En haut : *la deuxième génération de la Typ 770 Großer (W150) présentée en 1938.*
Page suivante, sens des aiguilles d'une montre, en commençant en haut à gauche :
*la Typ 260D (W138), la Typ 540K (W29) cabriolet et une spectaculaire 540K Spezial-Roadster, datant toutes de 1936.*

*Top*: the second generation of the Typ 770 Großer (W150) presented in 1938.
*Next page, clockwise from top left*:
the Typ 260D (W138), the Typ 540K (W29) cabriolet and a spectacular 540K Spezial-Roadster, all from 1936.

*La Mercedes-Benz Typ 260D (W138) de 1936, ici dans une version Pullman-Limousine,*
*fut la première automobile de série équipée d'un moteur diesel.*

The Mercedes-Benz Typ 260D (W138) from 1936, here in a Pullman-Limousine version,
was the first production automobile to be equipped with a Diesel engine.

*Trois Mercedes-Benz tout-terrain destinées à un usage militaire. Sens des aiguilles d'une montre, en commençant en haut à gauche : le G5 (W152) de 1927, la L1500A (L301) de 1941 et la troisième série G4 (W31) de 1938.*

Three Mercedes-Benz off-road vehicles. *Clockwise from top left:* the G5 (W152) from 1927, the L1500A (L301) from 1941 and the G4 (W31) third series from 1938.

# LA RENAISSANCE
# DE L'ÉTOILE
# MERCEDES-BENZ

*The rebirth
of the Mercedes-Benz star*

À la fin de la Seconde guerre mondiale, Daimler-Benz se trouvait dans une situation dramatique : certaines usines avaient quasiment été détruites par les raids aériens et d'autres, comme celle de Berlin-Marienfelde qui avait été construite récemment pour la production d'avions, étaient tombées entre les mains des Soviétiques. Au beau milieu de toutes ces ruines, les lignes de production de la 170V étaient miraculeusement presque intactes et à la fin de l'année 1945, la production put reprendre à l'usine Untertürkheim, qui fit également office d'atelier de réparation pour tous les véhicules endommagés pendant la guerre. Après s'être assurées que la 170V n'avait pas été créée à des fins militaires, les autorités militaires américaines autorisèrent sa construction, au départ uniquement en tant qu'ambulance, fourgonnette ou camion – utiles en matière de secours et de reconstruction – puis en tant que voiture de tourisme au printemps 1946. Les employés survivants aidèrent à déblayer les usines et, doucement, les choses revinrent à la normalité. La 170V, berline familiale la mieux vendue avant la guerre, se réconcilia rapidement avec le succès. En 1949, on ajouta la 170S (W191) dont la carrosserie était plus large et les composants mécaniques modernisés, et la 170D (W136 I) et son moteur Diesel qui marqua encore la production automobile.

At the end of the Second World War Daimler-Benz was in a dramatic situation: the factories had almost all been destroyed in bombing raids and others, such as the one in Berlin-Marienfelde, which had been built shortly before for aeroplane production, and had fallen into the hands of the Soviets. Amidst all these ruins, the 170V production lines had miraculously remained almost intact and at the end of 1945 production was started up again in the Untertürkheim plant, which was also turned into a repair workshop for the numerous vehicles damaged in the war. Once they were sure that the 170V was not a vehicle created for military purposes, the American military authorities authorized its construction, initially only as an ambulance, van or truck – which could help in relief and reconstruction work – and then finally as a passenger car again in the spring of 1946. The surviving employees helped to clear out the rubble from the factories and slowly things got back to normal. The 170V, which had been a best-selling family saloon car before the war, rapidly became a success again; in 1949 it was flanked by the 170S (W191), with wider bodywork and updated mechanical components, and the 170D (W136 I), which again marked the production of automobiles with a diesel engine.

En haut : *la 170V (W136)*
*fut la première Mercedes-Benz*
*dont la production fut autorisée*
*par les Américains pendant*
*l'après-guerre, tout d'abord*
*en tant qu'ambulance, fourgonnette*
*ou camion et finalement comme berline*
*à partir de 1946.*
En bas : *la 170S (W191) de 1949,*
*ici dans une élégante version Cabriolet A.*

*Top:* the 170V (W136) was the first
Mercedes-Benz vehicle the Americans
allowed to be produced in the post-war
period, at first as an ambulance,
van or lorry and then finally as a saloon
car from 1946 onwards.
*Bottom:* the 170S (W191) from 1949,
here in an elegant Cabriolet A version.

*La 220 (W187) de 1951 fut la première grande innovation de Mercedes-Benz de l'après-guerre.*
Page précédente, *la berline ;* en haut, *la Cabriolet A.*

The 220 (W187) from 1951 was the first truly innovative Mercedes-Benz car in the post-war period.
*Previous page*: the saloon. *Top:* the Cabriolet A type.

Les efforts réalisés pour reprendre l'activité se concentraient clairement sur le modèle 170, qui était le plus accessible, même s'il restait onéreux par les temps qui couraient. Il fut mis à jour avec une nouvelle carrosserie et un moteur plus puissant en 1950, devenant la 170Va, puis la 170Vb l'année suivante.

Daimler-Benz dut attendre jusqu'au début des années 1950 pour élargir la gamme de véhicules disponibles et reprendre la production de modèles plus puissants. Les tout nouveaux modèles de l'après-guerre furent la 220 (W187) et la 300 (W186), présentées à l'occasion du salon de l'automobile de Francfort en 1951. Elles alliaient toutes les deux la structure classique d'un châssis tubulaire et une carrosserie séparée dont le style était, à sa manière, précurseur des petites voitures des années à venir ; la version supérieure représenta le retour de la marque Mercedes-Benz sur le marché des voitures de fonction et fut surnommée « Adenauer-Mercedes », le Chancelier allemand étant l'un des premiers propriétaires notoires. L'année suivante, une version sportive haut de gamme, la 300S (W188) fut commercialisée pour répondre à la demande des clients riches séduits par la tradition mécanique de Mercedes-Benz.

*The efforts to resume activity were clearly focussed on the 170 model, which was the most affordable, even though it was still rather expensive for those difficult times; it was updated with a new body and a more powerful engine in 1950, giving rise to the 170Va, and the 170Vb the following year*

*Daimler-Benz had to wait until the start of the 1950s to increase the range of cars available and to resume production of larger-engined models. The first totally new cars of the post-war period were the 220 (W187) and the 300 (W186), presented at the Frankfurt Motor Show in 1951. Both combined the classic structure of a tubular frame chassis and separate body with a style that in some way was a precursor of the smaller cars in years to come; the larger version also marked the return of the Mercedes-Benz brand into the executive car market and went by the nickname of 'Adenauer-Mercedes', because the German Chancellor was one of its first and most illustrious owners. The following year a high-performance sports car version, the 300S (W188), also went on sale to satisfy the demand of wealthy customers attracted by Mercedes-Benz's engineering tradition.*

*La 220 était
également proposée
en Cabriolet B,
avec quatre portes
et quatre sièges,
mais des prestations
inférieures
à la version A.*

The 220 was also
offered in a Cabriolet
B type version,
with four doors
and four seats,
but not as high
performing
as the A type.

*La Mercedes-Benz 300 (W186),
exposée au salon de l'automobile
de Francfort en 1951.*

The Mercedes-Benz 300 (W186),
on display at the 1951
Frankfurt Motor Show.

En septembre 1953, la marque fit un grand pas avec la création de la 180 (W120), qui adoptait pour la première fois un châssis porteur dont la ligne moderne fut surnommée « ponton ». Les garde-boue étaient entièrement intégrés aux ailes de la voiture. Le concept marqua un tournant dans la production de Mercedes-Benz qui d'un côté se tourna vers la production de masse nécessaire à la croissance de l'entreprise et d'un autre côté renouvela considérablement son image, ce qui contribua à son succès sur les marchés internationaux. En gardant cet objectif à l'esprit, la nouvelle berline fut disponible dès 1954 en version Diesel 180D. Cette année-là, la nouvelle 220 (W180) fut également lancée et remplaça l'ancien modèle en s'adaptant aux concepts introduits avec la 180 : châssis porteur et ligne « ponton ».

L'Europe traversait alors une période de forte croissance économique et le constructeur allemand en profita pour conquérir une place de choix dans le secteur moyen-haut de gamme, mais un véritable bond en avant en matière de qualité devait arriver avec une expansion massive sur le marché américain.

*In September 1953 a further step forward was made with the creation of the 180 (W120), which for the first time adopted a load-bearing chassis and a modern "ponton" line, which had fully-integrated mudguards in the sides of the car. The concept was a turning-point for Mercedes-Benz production, which on the one hand was projected towards simpler and cheaper construction methods and as a result towards the mass production required for the growth of the company, and on the other hand it considerably renewed the company image, contributing to its success on the international markets. With this aim in mind, the new saloon car was available from 1954 onwards in a diesel engine 180D version. The same year also saw the launch of a new 220 (W180), which replaced the previous model bringing it more into line with the new concepts introduced with the 180: load-bearing chassis and 'ponton' line.*

*Europe was now experiencing a period of strong economic growth, and the German manufacturer was able to capitalize on this to conquer a privileged place in the medium-to-high automobile sector, but a true quantum leap in quality had to come with a major expansion into the US market.*

En haut : l'élégant coupé 300S (W186) de 1951.
En bas : la 170 S-D (W136VIII-D) de 1953,
à moteur diesel.
Page suivante : la nouvelle et l'ancienne 180 (W120),
lancée en 1953.

Top: the elegant 300S Coupé (W186) from 1951.
Bottom: the 170 S-D (W136VIII-D) from 1953,
with a diesel engine.
Next page: the new and modern 180 (W120),
which was launched in 1953.

# Leistung voraus TYP *300SL*

*La Mercedes-Benz la plus célèbre de tous les temps :*
*la magnifique 300SL (W198) Gullwing de 1954.*

The most famous Mercedes-Benz of all time:
the marvellous 300SL (W198) Gullwing from 1954.

Pour un constructeur automobile originaire d'un pays qui venait de perdre l'un des pires conflits que l'histoire ait jamais connu, s'affirmer outre-Atlantique n'était pas une mince affaire et seule une victoire en compétition automobile pourrait contribuer à redorer le blason de la marque.

A partir de 1949, lorsque les Américains autorisèrent Daimler-Benz à reprendre entièrement la production automobile, Mercedes-Benz étudiait comment créer une voiture de course performante. La 300SL (W194) qui découla de cette étude réussit à remporter quasiment tous les trophées possibles et imaginables dans le monde entier. C'est à ce moment-là que Max Hoffman, importateur américain de voitures de sport européennes, qui avait entre autres importé la Porsche 356 aux États-Unis, persuada le constructeur allemand de produire une version route du modèle de course.

*For a car manufacturer from a country that had recently been defeated in the worst-ever conflict in history, asserting ones image on the other side of the Atlantic ocean was not a simple matter and only success in racing could be a major contribution.*

*From 1949 onwards, when the Americans allowed Daimler-Benz to fully resume car production, Mercedes-Benz had been studying how to make a successful racing car. The resulting 300SL (W194) succeeded in winning virtually every possible trophy in every part of the world. At this point Max Hoffman, an American importer of European sports cars, the man who had brought the Porsche 356 to the USA, persuaded the German manufacturer to produce a street version of the racing model.*

Sens des aiguilles d'une montre, en commençant en haut à gauche : *la 219 (W105) de 1953, une 180 six cylindres en somme ; la 220S Cabriolet (W180II) de 1956 ; la 220S Coupé (W180II) de 1956 ; la somptueuse 190SL Roadster (R121) de 1955.*

*Clockwise from top left*: the 219 (W105) from 1953, which was basically a six-cylinder 180; the 220S Cabriolet (W180II) from 1956; the 220S Coupé (W180II) from 1956; the glamorous 190SL Roadster (R121) from 1955.

La 300Sl (W198) version route fit ses débuts au salon de l'automobile de New York en 1954. Elle allait devenir l'une des plus belles et des plus célèbres voitures de tous les temps, avec ses portes « papillon » uniques reliées au toit de la voiture. La magnifique carrosserie sportive cachait un moteur de course à part entière : châssis tubulaire en acier, moteur six cylindres en ligne de 3 litres et technologie de pointe pour l'époque comme l'injection et le différentiel autobloquant.

Hoffman savait pertinemment que la 300SL restait un rêve pour le commun des mortels en raison de son prix exorbitant et il suggéra donc à Mercedes-Benz de concevoir une voiture de sport plus abordable, basée sur la berline 180.

*The 300SL (W198) street car made its debut at the 1954 New York Auto Show. It was to become one of the most beautiful and famous cars of all time, with its unmistakeable 'gull wing' doors attached to the car roof. Beneath the gorgeous sports car body lay a fully-fledged racing engine: tubular steel frame and a three-litre, straight-6 unit, with advanced technology for the time such as fuel injection and self-locking differential.*

*Hoffman was aware that the 300SL was a dream for mere mortals because of its exorbitant price tag, so he suggested Mercedes-Benz build a more affordable sports car, based on the 180 saloon.*

*La 300 SL Roadster (W198II) de 1957, la version toit ouvrant de la célèbre berlinetta.*

The 300 SL Roadster (W198II) from 1957, the open-top version of the famous berlinetta.

Page précédente : *la berline 190 Db (W121) de 1959.*
En haut : *la 220 SEb (W111) de 1959, avec son moteur à injection.*

*Previous page*: the 190 Db (W121) saloon from 1959.
*Top*: the 220 SEb (W111) from 1959, with a fuel injection engine.

C'est ainsi au même salon de l'automobile que Mercedes-Benz présenta la 190SL Roadster (R121), qui ressemblait à la 300SL, mis à part la carrosserie ouverte, et la version fut finalement commercialisée un an plus tard. Le moteur plus puissant fut également utilisé pour la berline 190 (W121) à partir de 1956. La gamme 220 fut élargie cette année-là, avec la 220S (W180II) plus luxueuse, également disponible en coupé ou cabriolet avec deux ou quatre places, et la 219 (W105), qui était une combinaison hybride de la carrosserie de la 180 avec le nez allongé de la 220, dotée du même moteur six cylindres.

Afin de répondre aux demandes en constante évolution des clients, qui allaient désormais du père de famille aux chauffeurs d'hommes riches et aux chefs d'États, la 300SL exclusive fut également proposée en version Roadster en 1957. L'année suivante, les versions sport de la 220 furent également disponibles avec les composants mécaniques de la 220SE (W128), dont les initiales signifiaient *Einspritzung* (injection).

*At the same Auto Show Mercedes-Benz therefore presented the 190SL Roadster (R121), which resembled the more expensive 300SL, apart from the open bodywork, a version of which eventually went on sale one year later. The larger engine was then also used for the 190 (W121) saloon car starting from 1956. The 220 range was widened in that same year, with a more luxurious 220S (W180II), also available as a coupé or cabriolet with two or four seats, and the 219 (W105), which was a hybrid combination of the body of the 180 and the long nose of the 220, fitted with the same six-cylinder engine.*

*In order to comply with the ever varying demands of clients, who now ranged from fathers to wealthy gentlemen drivers and Heads of State, the exclusive 300SL was also proposed in Roadster version in 1957, while the following year the sporting versions of the 220 were also available with the mechanical components of the 220SE (W128), which stood for* Einspritzung *(fuel injection).*

En haut : *la 220 SEb Coupé de 1961.*
En bas : *la 300d Adenauer (W189),*
*version voiture Pullman-Limousine*
*de 1960. Il s'agit du modèle phare*
*de la gamme Mercedes-Benz*
*qui doit son nom au Chancelier allemand,*
*l'un de ses premiers propriétaires.*

*Top*: the 220 SEb Coupé from 1961.
*Bottom*: the 300d Adenauer (W189)
in an executive Pullman-Limousine version
from 1960. This was the flagship
of the Mercedes-Benz range and it owed
its name to the German Chancellor,
who was one of the first customers.

Page précédente : *la 190c (W110) de 1961.*
En haut : *la 180 Dc (W120III D), la version économique équipée d'un moteur diesel, conjointement à la nouvelle 190c.*

*Previous page*: the 190c (W110) from 1961.
*Top*: the 180 Dc (W120III D) remained as a cheap version with a diesel engine, alongside the new 190c.

Comme ce modèle était destiné à un type de client bien particulier, l'entreprise allemande décida de le renouveler assez rapidement et la nouvelle 220b (W111) vit le jour à l'été 1959. Elle fut lancée avec trois variantes de moteur, comme par le passé : une version normale 95 hp, la 110 hp S et la 120 hp SE. Les composants mécaniques de la 220b dérivaient de l'ancien modèle même si quelques améliorations furent apportées à la suspension arrière et une boîte de vitesses automatique fut ajoutée en option. La carrosserie, en revanche, fut totalement revisitée et pour la première fois de l'histoire, une attention spéciale fut portée à la sécurité passive et divers crash tests furent réalisés. Le style de la voiture était plutôt américain et on la surnomma *Heckflosse* (ailette de queue). Cette forme inédite, peut-être un peu trop ostentatoire mais résolument moderne, rendit bien vite le reste de la gamme Mercedes-Benz obsolète, et elle fut entièrement revue et corrigée en 1961.

*As it was a car destined for a particular demanding type of clientele, the German company decided to renew it relatively quickly, and so in the summer of 1959 the new 220b (W111) was launched with three different engine variants, as in the past: a normal 95 hp version, the 110 hp S, and the 120 hp SE. The mechanical components of the 220b derived from the previous model, albeit with a few improvements to the rear suspension and the addition of an optional automatic gearbox. The body instead had been totally redesigned and for the first time ever, special attention was being paid to passive safety, with several crash tests carried out. The style was rather American and it was given the nickname of Heckflosse (Fintail). This new shape, maybe a bit too ostentatious but in any case very modern, soon rendered obsolete the rest of the Mercedes-Benz range, which underwent a complete revamp in 1961.*

Sens des aiguilles d'une montre, en commençant en haut à gauche : *quelques-unes des versions qui composaient la gamme étendue de la Mercedes-Benz Heckflosse (W111/W112) : la 220SEb Coupé, la 300, la 300SE Cabriolet et la 300SEL, toutes de 1961.*

*Clockwise from top left:* some of the versions that made up the wide Mercedes-Benz Heckflosse (W111/W112) range: the 220SEb Coupé, the 300, the 300SE Cabriolet and the 300SEL, all from 1961.

*Deux générations de coupés Mercedes-Benz, datant de la même période mais entièrement différentes :*
*à gauche, le coupé traditionnel 300SE (W112) de 1963 ; en haut, la « Pagode » non conventionnelle de 1964, la 230SL (W113).*

Two generations of Mercedes-Benz coupés, from the same period but totally different;
*left*: the traditional 300SE Coupé (W112) from 1963; *top*: the anti-conventional 230SL (W113) "Pagoda" from 1964.

La 300 Adenauer fut remplacée par la nouvelle 200SE (W112), également proposée en version 300SEL avec un empattement plus long de dix centimètres ; la 190 et peu de temps après la 180 furent remplacées par la 190c (W110) qui dérivait de la 220 avec un nez plus court abritant un moteur quatre cylindres. 1961 est également l'année où la gamme de voitures de sport Mercedes-Benz fut transformée, avec un nouveau coupé et cabriolet 220SE, tandis qu'une version portant le moteur de la série 300 fut commercialisée l'année suivante.

Connaissant un succès grandissant sur le marché international, notamment en Amérique, le secteur de la voiture de sport devint stratégiquement vital pour Mercedes-Benz ; la 190SL, bien accueillie à l'époque, se faisait vieille et les modèles dérivant de la 220 couraient le risque d'être considérés trop traditionnels. La direction de Daimler-Benz décida donc de produire une nouvelle spider aux lignes innovantes, confiant ce travail au designer français Paul Bracq. Le résultat, indéniablement alternatif, fut d'abord accueilli avec perplexité, avant de rencontrer un immense succès.

*The 300 Adenauer was replaced by the new 300SE (W112), which was also built in a 300SEL variant with a 10 cm longer wheelbase; the 190 and shortly after, the 180, were instead replaced by the 190c (W110), which derived from the 220 with a shorter nose to house a four-cylinder engine. 1961 was also the year when Mercedes-Benz's sports car range was changed, with a new 220SE coupé and cabriolet, while a version with the engine from the 300 series went on sale the next year.*

*Growing success on the international market, in particular in America, made the sports car sector strategically vital for Mercedes-Benz; the 190SL, which had been met with approval at the time, was now getting a bit old and the cars derived from the 220 ran the risk of being considered too traditional. Daimler-Benz management therefore decided to produce a new spider with innovative lines, living the job to the French designer Paul Bracq. The result was decidedly unconventional and at first was met with perplexity, but it soon became a big success.*

*Deux versions de la 600 Pullman Limousine (W100) monumentale de 1964 : quatre ou six portes.*

*Two versions of the monumental 600 Pullman Limousine (W100) from 1964: four or six-door versions.*

En haut *: la 600 (W100) de 1964
est restée pendant plus de vingt
ans la référence mondiale du luxe
en matière de voiture de fonction.
La berline, plus courte, était
la préférée des riches hommes
d'affaires et des stars du show
business. En bas à gauche : le 200
(W110) de 1965. En bas à droite :
la 200D Universal (S110) de 1965,
première familiale produite
par Mercedes-Benz.*

*Top*: the 600 (W100) from 1964
was the world's benchmark
for luxury executive cars for more
than 20 years. The shorter saloon
version was a favourite
of wealthy businessmen
and stars of show business.
*Bottom left*: the 200 (W110)
from 1965.
*Bottom right*: the 200D Universal
(S110) from 1965, the first
station-wagon produced
by Mercedes-Benz.

La 230SL (W113), construite sur le châssis de la 220 avec un empattement plus court et un moteur plus puissant, fut lancée au salon de l'automobile de Genève en 1963 ; à partir de 1966 une version coupé à toit amovible fut également proposée dont la forme étrange à double courbe lui valut le célèbre surnom de « Pagode ».

À l'automne 1963, au salon de l'automobile de Francfort, un autre modèle majeur fit son entrée. L'objectif de cette nouvelle voiture était de ramener Mercedes-Benz sur le secteur des voitures de fonction, où même la 300 Adenauer était jugée inadaptée. La phase d'étude fut assez longue et une fois la tentation d'opter pour des lignes d'inspiration américaine fut écartée, Bracq choisit une forme plus européenne, au profil plutôt angulaire. La 600 (W100) était le paroxysme de l'ingénierie automobile et ce qu'on pouvait attendre de mieux d'une voiture destinée aux chefs d'États, aux dirigeants et aux célébrités. Propulsée par un moteur en V huit cylindres qui garantissait d'excellentes performances en dépit de sa taille massive, elle était équipée d'un système hydraulique complexe qui commandait tout à bord, y compris les vitres, les sièges et les portes. Elle était disponible en version berline standard, en version Pullman quatre ou six portes et en version Landaulet avec toit ouvrant à l'arrière pour les défilés officiels.

The 230SL (W113), built on the chassis of the 220 with a shorter wheelbase and larger engine, was launched at the Geneva Motor Show in 1963; from 1966 onwards it was also offered in a Hard-top Coupé version with a removable hard top which had a strange twin-curve shape that earned it the famous nickname 'Pagoda'.

In the autumn of 1963, at the Frankfurt Motor Show, another important model made its debut. The aim of the new car was to bring back Mercedes-Benz into the executive car sector, where even the 300 Adenauer was even considered inadequate. The study phase was rather long and once the temptation of American-inspired lines had been put to one side, Bracq opted for a more European-style shape, with a rather angular profile. The 600 (W100) was the pinnacle of automotive engineering and the most one could expect for a car destined for Heads of State, rulers and illustrious figures; powered by an eight-cylinder Vee engine that guaranteed excellent performance despite its massive size, it was equipped with a complex hydraulic system that powered everything on board, including windows, seats and doors. It was available in a normal saloon car version, a four or six door Pullman version and a Landaulet model with rear-opening roof for official parades.

*Les deux extrémités du luxe chez Mercedes-Benz :* à gauche, *la 280SE Coupé (W111) de 1965 ;*
en haut, *une spectaculaire 600 version Pullman-Landaulett pour les parades officielles des chefs d'État.*

The two extremes of Mercedes-Benz luxury; *previous page*: the 280SE Coupé (W111) from 1965;
*top:* a spectacular 600 Pullman-Landaulett version for official state parades.

Il existait bien sûr une version blindée afin d'assurer une protection maximale des occupants ; elle fut produite jusqu'au début des années 1980 et comptait parmi ses clients le pape Paul VI, l'empereur Hirohito du Japon, Mao Zedong, Leonid Brejnev, le dernier Shah de Perse Mohammad Reza Pahlavi, le dictateur zaïrois Mobutu, Aristotle Onassis, Elvis Presley, les Beatles, Coco Chanel et Liz Taylor.

*There was of course also a bulletproof version to ensure maximum protection for occupants; it was produced until the early years of the 1980s and could number amongst its clients Pope Paul VI, Emperor Hirohito of Japan, Mao Tse-tung, Leonid Breznev, the last Shah of Persia Mohammad Reza Pahlavi, the dictator of Zaire Mobutu, Aristotle Onassis, Elvis Presley, the Beatles, Coco Chanel and Liz Taylor.*

*La 280SL Cabriolet (W113) de 1968, une évolution de la « Pagode » classique de Mercedes-Benz.*

The 280SL Cabriolet (W113) from 1968, an evolution of the classic Mercedes-Benz "Pagoda".

*Les sportives 280SE dérivées de la W111 Heckflosse furent produites jusqu'à la fin des années soixante puis en 1969 elles furent remises au goût du jour avec un moteur puissant de 3,5 litres. À gauche, le Cabriolet et* en haut, *le Coupé.*

The 280SE sports cars derived from the W111 Heckflosse remained in production until the end of the 1960s and in 1969 were updated with a more powerful 3.5 litre engine. *Left:* the Cabriolet. *Top:* the Coupé.

# À LA CONQUÊTE DU MONDE

*Conquering*
*the world*

La Mercedes-Benz « Ailette de queue », vue de l'arrière, avait un air trop américain. Il lui manquait l'élégance sobre qui avait toujours caractérisé les berlines européennes. Et bien qu'elle ait contribué d'une certaine manière au succès de la marque allemande aux États-Unis, elle avait aussi laissé sur sa faim la clientèle plus traditionnelle, qui se plaignait de sa trop forte ressemblance avec le modèle 190c, plus simple.

En 1965, le moteur de la voiture fut boosté et elle devint la 200 (W110II) ; pour la première fois elle était également disponible en version familiale Universal. Pour cette dernière génération de voitures de luxe, présentée au salon de l'automobile de Francfort en 1965, on confia à Bracq la tâche de dessiner des lignes plus classiques. En s'inspirant de la 600, il proposa une voiture avec un capot rabaissé, tout en finesse malgré sa taille imposante, et de grandes vitres. Les nouveaux modèles appartenaient aux familles W108 et 109 – la 109 se distinguait par l'utilisation d'un système sophistiqué de suspension autonivelante. La W108 fut commercialisée immédiatement en 250S, 250SE et 300SEb, tandis que la W109 fit son entrée sur le marché quelques mois plus tard, tout comme la 300SEL, dotée d'un empattement plus long de dix centimètres.

*The Mercedes-Benz 'Fintail', seen from the rear, proved to be too American, without the sober elegance that had always been a hallmark of European saloon cars. Although in some way it contributed to the success of the German brand in the USA, it also left a little dissatisfied the more traditional clientele, who complained about its excessive similarity to the plainer 190c model.*

*In 1965 this car received a boost in cylinder size to become the 200 (W110II) and for the first time it was also available in a Universal estate car version. For this latest generation of luxury cars, presented at the 1965 Frankfurt Motor Show, Bracq was given the task of designing more classic lines. Taking the 600 as his inspiration, he proposed a car with a lower bonnet line, one that was slender despite its size, and with large windows. The new models belonged to the W108 and 109 families, which differed in the use of a sophisticated system of self-levelling suspension on the latter. The W108 went on sale immediately in the 250S, 250SE and 300SEb variants, while the W109 arrived a few months later, as well as the 300SEL with a 10 cm longer wheelbase.*

*La nouvelle Mercedes-Benz 250S (W108), qui remplaça la 220 Heckflosse en 1965.*

The new Mercedes-Benz 250S (W108), which replaced the 220 Heckflosse in 1965.

*En 1966, la gamme 250/300 fut élargie avec la 300SEL (W109), équipée de l'injection, d'une suspension pneumatique autonivelante et dotée d'un empattement plus long (10 cm).*

In 1966 the 250/300 range was augmented with the 300SEL (W109), which had fuel-injection, self-levelling air suspension and a longer (10 cm) wheelbase.

La production de la 200 Heckflosse se poursuivit jusqu'à la fin 1967, puis elle fut remplacée par un modèle flambant neuf qui reprenait les paramètres de style des grosses voitures. Avec le temps, celles-ci plaisaient de plus en plus et représentaient un grand bond en avant en matière de sécurité, de fiabilité et de confort.

La nouvelle famille de voitures W114 et W115 fut créée. Elles se basaient sur la même carrosserie mais se distinguaient par l'utilisation de moteurs six et cinq cylindres, respectivement. La gamme se composait de la W115 200, baptisée *Strichacht* (« *slash* huit » ou « /8 », son année de création) pour la différencier de la version précédente, de la 200D Diesel, la 220, la 220D et la W114 230 et 250. La 220 et la 230 étaient aussi disponibles dans une version plus longue de 65 cm, idéale en tant que limousine relativement abordable pour les hôtels et les sociétés de location de voiture.

À ce moment-là, afin d'équilibrer la gamme Mercedes-Benz, il fallut augmenter la cylindrée des berlines haut de gamme. Les modèles W108 devinrent 280S, 280SE et 280SEL avec un empattement plus long, tandis que la W109 fut remise au goût du jour avec un moteur 2,8 litres plus moderne et plus fiable.

*The 200 Heckflosse continued to be produced until the end of 1967, when it was replaced by a completely new model that continued the styling parameters of the larger cars. In the meantime these had had considerable success and represented a major leap forward in safety, reliability and comfort.*

*The new W114 and W115 family of cars were created, based on the same car body but they differentiated in the use of six and four cylinder engines respectively. The range was made up of the W115 200, which was named* Strichacht *('Stroke-8' or '/8', its year of creation) to differentiate from the previous version, the 200D Diesel, the 220, the 220D and the W114 230 and 250. The 220 and the 230 were also available in a 65 cm longer version, ideal as a relatively inexpensive limousine for hotels or hire-car firms.*

*At this point, to make the Mercedes-Benz range of cars more balanced, it was now necessary to increase the cylinder size of the upper-class saloons. The W108 cars became the 280S, the 280SE and a longer wheelbase 280SEL version was available, while the W109 was also updated with a more modern and reliable 2.8 litre engine.*

En 1968, les modèles 190/200 furent également remplacés par une nouvelle génération de berlines de taille moyenne, appelées Strichacht, version quatre cylindres W115 et six cylindres W114.
En haut à gauche : la 200D diesel, dans sa forme traditionnelle de taxi.
En bas à gauche : la 220D (W115).
Page suivante : la 200 (W115), modèle de base.

In 1968 the 190/200 models were also replaced by a new generation of mid-sized saloons, called Strichacht, in four-cylinder W115 and six-cylinder W114 versions.
*Top left*: the 200D diesel in its traditional taxi guise.
*Bottom left*: the 220D (W115).
*Next page*: the basic 200 (W115) model.

On continua à l'appeler 300SEL mais on ajouta « 2.8 » afin d'éviter toute confusion avec la version dotée de suspensions normales ; pour la première fois, les trois chiffres ne représentaient plus la cylindrée réelle du moteur. Les derniers modèles basés sur la Heckflosse étaient des voitures de sport, remplacées à la fin de l'année par les coupés C114, qui étaient en fait une version simplifiée des berlines Strichacht avec deux portes et un toit rabaissé sans barres, tandis que le nez et la queue restaient inchangés. La gamme comprenait la 250C et la 250CE et, l'année suivante elle fut complétée par la puissante 250C 2.8, équipée d'un moteur 130 chevaux qui serait également proposé sur la berline dès 1970. Il en fut ainsi jusqu'en 1972, lorsque le nouveau moteur 160 chevaux à double arbre à cames en tête (185 chevaux sur la version injection) arriva, donnant vie à la 280, 280E, 280C et 280CE. La gamme de luxe avait elle aussi été élargie, notamment pour satisfaire le marché américain, friand de grosses cylindrées. La première expérience eut lieu en 1967, lorsque le puissant moteur V8 de la 600 fut monté sur la W109, et donna naissance à la 300SEL 6,3 litres 250 chevaux.

*It continued to be called the 300SEL but with the addition of '2.8' so as not to cause confusion with the version with normal suspension; for the first time therefore the three numbers no longer represented the actual cylinder size of the car's engine. The final models based on the Heckflosse were the sports cars, replaced at the end of the year by the C114 coupés, which were simply a version of the Strichacht saloon cars with two doors and a lower pillarless roof, while the nose and the tail remained the same. The range included the 250C and the 250CE and the following year it was completed with a powerful 250C 2.8, fitted with a 130 hp engine that from 1970 would also be available in the saloon car. This continued until 1972, when a new twin-camshaft 160 hp engine (185 hp in fuel injection version) arrived, giving rise to the 280, the 280E, the 280C and the 280CE. Meanwhile the luxury car range had been widened to satisfy the US market, which was accustomed to large cylinder automobiles. The first experiment had been made in 1967, when the powerful V8 engine from the 600 was mounted in the W109, giving rise to the 250 hp 300SEL 6.3.*

*La gamme Strichacht comprenait également plusieurs modèles dotés d'un moteur six cylindres W114. En haut, la 250 ; en bas à gauche, la 250C 2.8 et en bas à droite, la 280SEL.*

The Strichacht range also included several models with a six-cylinder W114 engine. Top:, the 250. Bottom left: the 250C 2.8. Bottom right:, the 280SEL.

En 1969, la 300SEL 3.5 vint s'ajouter, tandis que 1971 fut marquée par l'arrivée de la 280SEL 3.5 et de la 300SEL 4.5, toutes deux dotées de moteurs huit cylindres.

Les clients américains avaient fortement apprécié l'élégante Pagode, mais elle commençait à se démoder. En concevant le modèle qui allait la remplacer, Daimler-Benz savait pertinemment qu'il fallait qu'il soit plus facile à conduire, doté d'une suspension plus moderne et qu'il faudrait laisser de la place pour une version plus puissante. Le lancement de la 350SL (R107) eut lieu au printemps 1971. Elle fut commercialisée quelques mois plus tard aux États-Unis dans sa version 350SL 4.5 avec un moteur V8 plus puissant. En même temps, un coupé inédit, la 350SLC (C107) fit son avant-première mondiale mais ne fut commercialisée qu'un an plus tard avec une autre version, la 450SLC. Cette voiture était dotée d'un empattement plus long que le cabriolet afin d'accueillir quatre personnes. Au salon de l'automobile de Paris, septembre 1972, c'est au tour de la gamme Phare d'être remplacée par la famille W116. Son développement prit plusieurs années car l'objectif prioritaire était de garantir une sécurité maximale aux passagers, d'où une augmentation considérable de sa taille.

*In 1969 the 300SEL 3.5 was added, while 1971 saw the arrival of the 280SEL 3.5 and the 300SEL 4.5, all with eight-cylinder engines.*

*American clients had been particularly fond of the elegant Pagoda, but it was now starting to look a bit dated. In designing its replacement, Daimler-Benz was aware that it had to be easier to drive and have more modern suspension, and that there had to be room for a larger engine version. The spring of 1971 saw the launch of the 350SL (R107), which went on sale a few months later in the USA as the 350SL 4.5 with a larger V8 engine. At the same time a brand-new coupé, the 350SLC (C107), received its world premiere, but that only went on sale one year later with a 450SLC version as well. This car had a longer wheelbase than the roadster to ensure enough room for four people. At the Paris Motor Show in September 1972, it was the turn of the flagship range to be replaced by the new W116 family. Its development had taken several years because the priority aim was to guarantee maximum safety for passengers, and as a result its actual size had to be considerably increased.*

*La 350SL Roadster (R107) ayant remplacé la célèbre « Pagode » en 1971.*

The 350SL Roadster (R107) which replaced the famous "Pagoda" in 1971.

Comme elle devait répondre aux différents besoins des consommateurs, la gamme comprenait la 280S, 280SE, 350 SE et la 450SE et fut encore élargie les deux années qui suivirent avec l'ajout des versions traditionnelles SEL à empattement long. La recette fut une belle réussite et la 450SE fut proclamée Voiture de l'année.

Au début de l'année 1973, les Strichacht furent soumises à un important lifting ; en termes esthétiques, les différences majeures étaient la nouvelle grille de calandre avant, plus basse et plus large, ainsi que les phares rabaissés conçus afin d'améliorer la visibilité en cas de neige ou de boue qui devinrent finalement caractéristiques des Mercedes-Benz pendant de longues années. La gamme de moteur fut renouvelée et incluait désormais un nouveau quatre cylindres 2.3 au lieu du 2.2 ; les différentes versions étaient donc la 200, la 230.4, la 230.6, la 280 et la 280E (essence), la 200D, la 220D et la 240D (diesel), la 230.6 et la 240D (limousine) ainsi que la 280C et la 280CE (coupé).

*As it had to respond to the different needs of consumers, the range included the 280S, the 280SE, the 350SE and the 450SE, and it was widened even further in the next two years with the traditional long wheelbase SEL versions. It was a successful recipe and the 450SE received the prestigious 'Car of the Year' award.*

*At the start of 1973 the Strichacht cars underwent a major mid-life facelift; appearance-wise the biggest differences were a new front radiator grill, which was now lower and wider, and lower placed headlamps designed to improve visibility in snowy and muddy conditions but which became a characteristic feature of Mercedes-Benz cars for many years to come. The engine range was revamped and now included a new 2.3 four-cylinder unit in place of the 2.2; the various versions were now the 200, the 230.4, the 230.6, the 280 and the 280E (petrol), the 200D, the 220D and the 240D (diesel), the 230.6 and 240D (limousine) and the 280C and 280CE (coupé).*

*La famille W116, présentée en septembre 1972, comprenait les modèles phares de la gamme Mercedes-Benz ; sur la photo, une 280SE.*

The W116 family, presented in September 1972, included the flagship models of the Mercedes-Benz range; in the photo: a 280SE.

En 1974, le marché international de l'automobile fut durement touché par le choc pétrolier. Le prix du pétrole atteignit des sommets vertigineux suite aux représailles du monde arabe contre les pays occidentaux, qu'ils considéraient comme les alliés d'Israël dans la guerre du Kippour. Mercedes dut revoir sa gamme à la baisse et proposa des moteurs plus petits afin de réduire la consommation d'essence. Même les sportives haut de gamme comme la SL et la SLC furent proposées en version 280 avec des moteurs six cylindres. La Strichacht 240D 3.0 était disponible en version diesel, pour la première fois de l'histoire en cinq cylindres, et pouvait désormais vraiment concurrencer les versions essence à un coût moindre. Cependant, celle qui allait véritablement à contre-courant était la 450SEL 6.9 (W116) sortie au début de l'année 1975 ; elle était équipée d'une version évoluée du moteur V8 285 chevaux. Les clients de Mercedes-Benz étaient désormais internationaux et bien représentés dans les pays dont l'économie dépendait du pétrole.

In 1974 the global automobile market was badly hit by the global energy crisis, when the price of fuel rocketed sky-high following retaliation from the Arab world towards Western countries, whom they considered to be allies of Israel in the Yom Kippur war. Mercedes-Benz had to fall in line, offering smaller engine versions of its cars in order to reduce fuel consumption. Even top-of-the-range sports cars like the SL and the SLC were proposed in the 280 version with six-cylinder engines. The Strichacht 240D 3.0 was available in a diesel engine version, for the first time in history with five cylinders, and it could now truly compete with the petrol engine versions but at a lower fuel cost. Going against the grain however was the 450SEL 6.9 (W116) at the start of 1975; this was fitted with an evolution version of the 285 hp V8 engine. Mercedes-Benz customers were by now totally global and were also well-represented in countries that based their economies on petroleum.

*La 240D (W115), une évolution de 1972 de la famille Strichacht classique, avec des moteurs plus puissants.*

The 240D (W115), a 1972 evolution version of the classic Strichacht family with larger engines.

Page précédente : *la 280C (W114) de 1973.*
En haut : *la 350SLC (C107) de 1972, une version à toit amovible de la SL, destinée principalement au marché américain.*
En bas : *l'impressionnante 450SEL (W116) à empattement long de 1972.*

*Previous page:*
the 280C (W114) from 1973.
*Top:* the 350SLC (C107) from 1972, a hard-top version of the SL, intended mainly for the US market.
*Bottom:* the impressive long-wheelbase 450 SEL (W116) from 1972.

Page précédente, sens des aiguilles d'une montre, en commençant en haut à gauche : *la 450SEL 6.9 (W116) dotée d'un moteur V8 285 chevaux, fut commercialisée en 1975 ; la 240D Pullman (V123) à la carrosserie allongée ; la nouvelle 200 (W123), ayant remplacé la Strichacht en 1976. En haut : la 280C (C123), une version coupé dérivée de la berline intermédiaire en 1977.*

*Previous page, clockwise from top left*: the 450SEL 6.9 (W116) with a 285 hp V8 engine, went on sale in 1975; the 240D Pullman (V123) with a stretched body; the new 200 (W123), which replaced the Strichacht in 1976. *Top*: the 280C (C123), a coupé version derived from the mid-sized saloon in 1977.

*La 300CD (C123) de 1977 est la première sportive à moteur diesel produite par Mercedes-Benz.*

The 300CD (C123) from 1977 was the first Diesel engine sports car produced by Mercedes-Benz.

1976 arriva avec l'introduction de la nouvelle famille W123 en janvier. Elle remplaçait les berlines moyennes Strichacht, modèle le plus produit dans l'histoire de Mercedes-Benz : près de deux millions d'exemplaires furent vendus. Afin de poursuivre sur la route du succès, le design fut entièrement revu mais une fois encore, la sécurité, la fiabilité et le confort étaient prioritaires ; la crise du pétrole avait souligné le besoin d'une plus grande efficacité et d'une meilleure consommation d'essence. L'esthétique était signée Bruno Sacco, Italien qui avait longtemps collaboré avec Bracq et designer en chef de Mercedes-Benz depuis un an. Le style ressemblait assez à celui de la W116. La gamme, plutôt large comme d'habitude, était bien équilibrée entre les moteurs diesel et essence ; 200, 230, 250, 280 et 280E (essence) et 200D, 220D, 240D et 300D (diesel). L'année suivante, les versions limousine habituelles furent proposées ainsi qu'un élégant coupé, dont l'empattement avec été raccourci et le toit rabaissé. Il était disponible en version 230C, 280C, 280CE et 300CD, première sportive diesel produite par Mercedes-Benz.

1976 got underway with the introduction of the new W123 family in January as a replacement for the Stichacht medium-sized saloon cars, which had been the most produced model in Mercedes-Benz history: almost two million cars were sold. In order to continue along this successful path, the new car was totally redesigned, but once again safety, reliability and comfort were the guidelines; the energy crisis had highlighted the need to have greater efficiency and better fuel consumption. Styling was the work of Italian Bruno Sacco, who had been a collaborator of Bracq for a long time and chief Mercedes-Benz designer for the past year. The style itself was quite similar to that of the W116. The range, as always quite a large one, was well-balanced between diesel and petrol engine cars; the 200, 230, 250, 280 and 280E (petrol) and the 200D, 220D, 240D and 300D Diesel models. The following year the usual limousine versions were available and an elegant coupé finish also went on sale, produced by shortening the wheelbase and lowering the roof. It was available in 230C, 280C, 280CE and also 300CD versions: the first-ever Diesel sports car produced by Mercedes-Benz.

En 1978, la gamme fut complétée par une familiale (S123), qui pour la première fois était directement produite par le constructeur allemand sans passer par des carrossiers externes comme cela avait été le cas pour l'Universal. Les modèles familiaux étaient désignés par la lettre T (pour Touring et Transport) placée après le numéro : 200T, 230T, 250T, 280TE, 240TD et 300TD.

1979 fut marquée par deux innovations significatives. La première fut le retour de Mercedes-Benz dans le secteur du tout-terrain avec la « G » W460 (abréviation de *Geländewagen*, véhicule tout-terrain). Elle fut mise au point dans les années soixante-dix en collaboration avec le constructeur automobile australien Steyr-Daimler-Puch, à qui la production fut confiée. La G était un véhicule utilitaire sportif à quatre roues motrices qui évoluait brillamment dans n'importe quel type d'environnement, des terrains verglacés au désert ; elle était proposé en quatre versions, deux essence et deux diesel (230G, 280GE, 240GD et 300GD), et les acheteurs pouvaient choisir entre trois styles de carrosserie : cabriolet 2 portes SWB (empattement court), familiale 2 portes SWB et familiale 4 portes LWB (empattement long).

*In 1978 the range was completed with the addition of an estate car (S123), which for the first time was produced directly by the German manufacturer and not ordered from external coach builders as it had been in the past for the Universal. The estate versions were designated by the letter T (for Touring and Transport) placed after the number: 200T, 230T, 250T, 280TE, 240TD and 300TD.*

*1979 was marked by two significant innovations. The first one was the return of Mercedes-Benz to the cross-country sector with the 'G' W460 (abbreviation of* Geländewagen, *cross-country vehicle). This was developed during the 1970s in collaboration with the Austrian car manufacturer Steyr-Daimler-Puch, which was then put in charge of its production. The G was a four-wheel drive/Sport utility vehicle that performed brilliantly in every type of condition, from icy terrain to the desert; it came in four versions, two petrol and two diesel (230G, 280GE, 240GD and 300GD), while buyers could choose from three body styles: a 2-door SWB (short wheelbase) convertible, a 2-door SWB wagon and a LWB (long wheelbase) 4-door wagon.*

*En 1978, la gamme des voitures intermédiaires fut élargie avec des versions familiales signalées par la lettre T (Touring et Transport) ; sur la photo, la 250T (S123).*

In 1978 the range of mid-sized cars was augmented with the estate-car versions, distinguished by the letter T, which stood for Touring and Transport; *in the photo*, the 250T (S123).

Page précédente : *la gamme G*
*(W460) de véhicules tout-terrain*
*lancée en 1979.*
En haut à droite : *la 500SL (R107)*
*de 1980, ici avec un toit amovible.*
En bas à droite : *la 300CD*
*Turbodiesel (C123) de 1981,*
*qui utilisait pour la première*
*fois un moteur turbo diesel.*

*Previous page*: the G (W460)
range of off-road vehicles
launched in 1979.
*Top right*: the 500SL (R107)
from 1980, here with a hard top.
*Bottom right*: the 300CD
Turbodiesel (C123) from 1981,
which for the first time used
a turbo-charged diesel engine.

La deuxième innovation de 1979 fut une voiture de luxe nouvelle génération, la W126, considérée comme un tournant dans le passé et le présent de Mercedes-Benz. Il s'agissait de la première voiture conçue à l'aide d'ordinateurs et de la première à avoir largement recours à l'acier et au plastique haute résistance afin de réduire le poids ; elle comportait en outre de nombreuses innovations électroniques dont l'ABS. De plus, elle était beaucoup plus moderne que l'ancienne génération en termes d'esthétique et d'habitacle. Mise au point pendant le choc pétrolier, elle était dotée d'un pack aérodynamique très sophistiqué et d'un style plus sobre, conformément aux nouvelles attentes de sa clientèle. Trois carrosseries étaient proposées : la berline S/SE, la berline SEL à empattement long et le coupé SEC ; lors du lancement, la 280S, la 280SE, la 280SEL, la 380SE, la 380SEL, la 500SE et la 500SEL ainsi que la version turbodiesel 300D étaient toutes disponibles, tandis que la 380SEC et la 500SEC ne furent commercialisées qu'en septembre 1981.

*The second major premiere in 1979 was a new generation of luxury car, the W126, considered to be a turning-point for Mercedes-Benz's past and present. It was the first car to be designed with the aid of computers, and was the first to make widespread use of high-resistance steel and plastics to reduce weight and to have numerous electronic innovations including ABS. It was also a much more modern car than the previous generation both in its styling and interior environment; developed during the energy crisis, it had a particularly refined aerodynamics package and a more sober styling than past-generation cars, in line with the changing tastes of its customer base. In addition, a three-litre turbo-diesel version was available for the first time, with a power output of 125 hp. There were three different body versions: the S/SE saloon, the long-wheelbase SEL saloon and the SEC coupé; when it was launched, the 280S, the 280SE, the 280SEL, the 380SE, the 380SEL, the 500SE and the 500SEL as well as the 300D Turbodiesel were all available, while the 380SEC and the 500SEC only went on sale in September 1981.*

*La gamme des modèles phares de Mercedes-Benz fut entièrement remodelée en 1979 avec la famille W126. Sur la photo, la 560SE et la SEL, appartenant à la deuxième série de 1985.*

The Mercedes-Benz range of flagship cars underwent a complete facelift in 1979 with the W126 family. *In the photo*: the 560SE and the SEL, in the second series from 1985.

Toujours en 1981, la berline 300TC, la familiale et la version coupé vinrent s'ajouter à la gamme W123, toutes équipées du même moteur turbodiesel W126.
Les sportives R107 et C107 avaient déjà subi des mises à jour de leur moteur l'année précédente, avec des unités plus puissantes et plus efficaces sur le plan énergétique : les modèles 280 restèrent quasiment identiques, tandis que les gros modèles devinrent la 380SL/SLC et la 500SL/SLC.

*And still in 1981 the 300TD saloon, estate and coupé versions were added to the W123 range, all equipped with the same W126 turbo-diesel engine.*
*The R107 and C107 sports cars had already received engine updates the previous year with new, more powerful and fuel-efficient units: the 280 models remained virtually unchanged, while the largest models became the 380SL/SLC and the 500SL/SLC.*

*Une voiture de sport de luxe GT dériva également du modèle phare W126. Sur la photo, une 560SEC de 1985.*

A high-class GT sports car was also derived from the flagship W126 model. In the photo: a 560SEC from 1985.

# DES CLASSIQUES MODERNES

*Modern classics*

La crise pétrolière et la récession économique qui s'en suivit conduisirent à une transformation de la production automobile dans le monde entier. Même Daimler-Benz, qui avait toujours produit des voitures de haute qualité avait dû faire face à cette situation difficile mais l'entreprise avait été capable de saisir les opportunités offertes par un marché global en rapide évolution. Tandis que les modèles de la seconde moitié des années soixante-dix avaient été pourvus de dispositifs innovants destinés à réduire la consommation de carburant et à améliorer la fiabilité mécanique, la nouvelle génération de voitures des années quatre-vingt marqua un tournant radical. Ce tournant concernait fondamentalement une voiture, la 190 (W201), qui à bien des égards, marquait une rupture nette avec le passé. Lancée fin 1982, elle représentait l'arrivée de Mercedes-Benz sur le secteur des voitures de fonction compactes, duquel elle avait été absente pendant un temps, de plus la 190 n'avait absolument rien à voir avec les voitures précédentes d'un point de vue esthétique.

The energy crisis and the subsequent economic recession led to a major change in automobile production throughout the world; even Daimler-Benz, who had always produced high-quality cars, had to come to terms with this difficult moment but it was able to capitalize on the opportunities offered by a global market in rapid evolution. While the models in the second half of the 1970s had been equipped with innovative features aimed at reducing fuel consumption and improving mechanical reliability, the new generation of cars in the next decade was a radical turning-point. This turning-point basically revolved around one car, the 190 (W201), which in many aspects was a clean break with the past. Launched at the end of 1982, it represented Mercedes-Benz's entry into the compact executive car sector, from where it had been absent for some time; furthermore the 190 had absolutely nothing in common with the previous cars from a styling point of view.

*Au début des années 1980, la gamme Mercedes-Benz fut largement remodelée avec l'apparition de deux familles de modèles modernes et innovants.*
*À gauche : la 190E (W201) compacte ; en haut, la version normale de 1982 et en bas, la 2.3-16 de 1983.*
*À droite : la W124 intermédiaire ; en haut, la version berline 200 de 1984 et en bas, la familiale 300TD de 1986.*

At the start of the 1980s the Mercedes-Benz range underwent a major facelift when two families of modern and innovative models were created.
*Left*: the compact 190E (W201); the normal version from 1982 *(top)* and the 2.3-16 from 1983 *(bottom)*.
*Right*: the mid-sized W124; in the saloon 200 version from 1984 *(top)* and the 300TD estate car from 1986 *(bottom)*.

Sa forme fraîche, innovante et élégante était l'œuvre de Bruno Sacco. L'utilisation du chrome était limitée, elle possédait des pare-chocs intégraux en plastique et ses lignes étaient nettes. Comme toujours, les composants mécaniques n'étaient pas révolutionnaires mais une évolution de l'ancien design, mis à jour avec les progrès technologiques comme l'ABS et la suspension arrière *multilink*. Au départ, la nouvelle voiture n'était disponible qu'en version 190 et 190E, mais à l'automne, une version 190D diesel et le modèle de performance 190E 2.3-16, qui développait 185 chevaux et comprenait un double arbre à came en tête et quatre valves par cylindre (ce qui était inédit pour l'époque), furent ajoutés. Compte tenu de son succès, la famille W201 s'agrandit aussi quelques années plus tard pour inclure la 190D 2.5 Turbo à aspiration normale et la 190E 2.3 et 2.6. La 190 était une voiture tellement innovante qu'elle eut une influence majeure sur tous les autres modèles Mercedes-Benz qui s'adaptèrent peu à peu à ces nouveaux critères esthétiques.

*Its fresh, innovative and elegant shape had been designed by Bruno Sacco, there was no excessive use of chrome and it had integral plastic bumpers and clean lines. As always, the mechanical components were not revolutionary, but an evolution of the past design, updated with new technology such as ABS and multilink rear suspension. The new car was at first only available as a 190 and a 190E, but in autumn a 190D diesel version and the performance model 190E 2.3-16, which had 185 hp as well as a dual overhead camshaft and four valves per cylinder (something new for the time), were added. In view of its success, the W201 family was also expanded in the next few years to include the normally-aspirated and Turbo 190D 2.5 and the 190E 2.3 and 2.6.*
*The 190 was such a ground-breaking car that it also had a major influence on all the other Mercedes-Benz models, which gradually fell into line with the new styling parameters. The first to be replaced in 1984 was the medium-sized W123 saloon car, which made way for the W124.*

En haut : *la 300CE (C124) de 1987. En bas à gauche : la nouvelle génération de sportives SL, la R129, fut lancée en 1989. En bas à droite : la célèbre version de compétition haut de gamme de la Mercedes-Benz 190E, la 2.5-16 Evolution, ici celle de la deuxième série de 1990.*

*Top*: the 300CE (C124) from 1987. *Bottom left*: the new generation of the SL sports car, the R129, was launched in 1989.
*Bottom right*: the famous high-profile competition version of the Mercedes-Benz 190E, the 2.5-16 Evolution, here in its second series from 1990.

Page précédente : *la deuxième génération de la Classe G (W463). Lancée en 1990, elle était davantage destinée au loisir qu'à un usage professionnel.* En haut : *la 300CE-24 Cabriolet (A124) de 1991, équipée d'un moteur six cylindres, 24 soupapes.*

Previous page: the second generation of the G-Class (W463), introduced in 1990, was intended more for free time than work. *Top*: the 300CE-24 Cabriolet (A124) from 1991, with a six-cylinder, 24-valve engine.

Le premier modèle à être remplacé en 1984 fut la berline de taille moyenne W123 qui laissa place à la W124. En termes de style, elle ressemblait beaucoup à la 190 mais était bien évidemment plus grosse et plus puissante ; elle était disponible en version essence quatre cylindres 200, 200E et 230E, essence six cylindres 260E et 300E, diesel quatre cylindres 200D, cinq cylindres 250D et six cylindres 300D puis, l'année suivante en version Turbo. La famille W124 fut ensuite élargie pour inclure toutes les versions de carrosserie ; 1985 vit l'arrivée de la voiture familiale T (S124), avec exactement les mêmes moteurs que les berlines. En 1987, ce fut au tour du Coupé (C124), qui comme par le passé fut obtenu par le raccourcissement de l'empattement et l'abaissement du toit. Initialement, deux versions étaient disponibles, la 230CE et la 300CE. Le Coupé possédait plusieurs différences visibles, comme les bandes de protection latérales et les pare-chocs teintés, qui furent adoptées par les autres versions lors du lifting de 1989. La gamme fut complétée en 1990 par une limousine 6 portes (V124) et en 1991 avec une décapotable quatre portes, la Cabriolet 300CE-24 (A124).

*Style-wise it was very similar to the 190, but of course much larger and with bigger engines; it was available in 200, 200E and 230E four-cylinder petrol, 260E and 300E six-cylinder petrol, 200D four-cylinder Diesel, 250D five-cylinder and 300D six-cylinder versions, and the following year also as a Turbo. The W124 family was then enlarged to include all the different body versions; 1985 saw the introduction of the T estate car (S124), with exactly the same engines as the saloon cars. In 1987 it was the turn of the Coupé (C124), which as in the past was obtained by shortening the wheelbase and lowering the roof; there were initially two versions available, the 230CE and the 300CE. The Coupé had several visible differences, such as protective side strips and colour-toned bumpers, which were then extended to the other versions in the 1989 facelift. The range was completed in 1990, with a six-door Limousine (V124) and in 1991 with a four-door convertible version, the 300CE-24 Cabriolet (A124).*

*En 1991, la gamme phare de Mercedes-Benz fut remplacée par la nouvelle famille W140. Elle était disponible en version empattement court SE (en haut à droite) et long SEL (en bas à droite). En 1992, la version GT coupé habituelle (C140) fut également ajoutée ; page suivante : une 500SEC.*

In 1991 the Mercedes-Benz flagship range of cars was replaced with the new W140 family, which was available in short SE *(bottom right)* and long wheelbase SEL *(bottom left)* versions. In 1992 the usual GT coupé version (C140) was also added; *top:* a 500SEC.

Pendant ce temps, en 1985, le véhicule phare W126 se soumettait à un processus de remodelage afin de s'adapter aux nouveaux modèles.

À la fin des années quatre-vingt, le modèle Mercedes-Benz qui ressentait plus que nul autre le poids des années était le cabriolet SL et, après une longue phase de développement, son remplacement fut présenté en avant-première au salon de l'automobile de Genève en 1989. Basée sur un châssis de W124 modifié, la nouvelle SL (R129) était parfaitement fidèle aux nouveaux critères esthétiques de Bruno Sacco ; elle était pourvue d'une série d'innovations technologiques intéressantes, notamment dans le domaine de la sécurité avec l'ASR (Système d'antipatinage des roues) et un arceau de sécurité à déclenchement automatique. Au moment de son lancement, elle était disponible en version 300SL et 300SL-24 six cylindres ainsi qu'en version cinq cylindres 500SL ; en 1992 la version douze cylindres 600SL fut ajoutée.

En 1990, la G fut également rajeunie avec le lancement d'une nouvelle série (W463), destinée à satisfaire tous les clients qui, à une époque où les utilitaires sportifs étaient devenus le comble du *cool*, voulaient que confort rime avec maniabilité hors route. L'apparence de la G était légèrement modifiée, tandis que la finition et les composants mécaniques étaient substantiellement modernisés.

Meanwhile in 1985 the W126 flagship vehicle underwent a restyling to bring it more into line with the new models. At the end of the 1980s the Mercedes-Benz model that was feeling its age more than any other was the SL roadster and after a lengthy development phase, its replacement was premiered at the 1989 Geneva Automobile Show. Based on a modified W124 chassis, the new SL (R129) was fully integrated into Bruno Sacco's new styling parameters and it was equipped with a series of interesting technological innovations, especially in the field of safety with ASR (Automatic Slip Control) and an automatic pop-up roll-bar. At the moment of its launch it was available in 300SL and 300 SL-24 six-cylinder, and 500SL eight-cylinder versions, while in 1992 a twelve-cylinder 600SL version was added. In 1990 the G also underwent a facelift with the launch of a new series (W463), aimed at satisfying all those customers who in a period in which sports utility vehicles had become the height of trendiness, wanted comfort to go with off-road driveability. The appearance of the G was slightly altered, while the finish and the mechanical components were substantially modernized.

*La famille W202 (berline) et la S202 (familiale) furent lancées en 1993 et représentaient le secteur des voitures de taille intermédiaire.*

The W202 (saloon) and S202 (estate car) family was introduced in 1993 and represented the mid-sized sector car for the Mercedes-Benz brand.

Cette évolution vers un produit plus luxueux ne satisfaisait cependant pas les clients qui utilisaient la G pour travailler et c'est ainsi qu'en 1992, Mercedes-Benz ajouta un modèle plus économique et plus simple à la gamme, la W461, plus proche du concept initial. Le renouvellement complet de la gamme s'acheva en 1991, avec le lancement de la nouvelle famille de véhicules phares, la W140, à la place de la W126 désormais obsolète. Même si le style était complètement différent, les composants mécaniques étaient comme toujours un savant mélange de modernité et de tradition. À l'instar de l'ancien modèle, la W140 fut proposée avec deux carrosseries différentes (empattement court ou long) et fut commercialisée en plusieurs versions : 300SE/SEL six cylindres, 400SE/SEL huit cylindres, 500SE/SEL et 600SEL V12. Un an plus tard, un coupé (C140) fut également lancé, tandis que la limousine Pullman fit son apparition en 1996.

This shift towards a more luxurious product however left dissatisfied all those customers who used the G for work, and so in 1992 Mercedes-Benz added a cheaper, simpler model to the range, the W461, which was closer to the initial concept. The complete renewal of the range was concluded in 1991 with the launch of a new family of flagship vehicles, W140, in place of the obsolete W126. Although the styling was completely different, the mechanical components were as always an excellent combination of evolution and tradition. Like the previous model, the W140 was offered with two different bodies (short or long wheelbase) and went on sale in six-cylinder 300SE/SEL, eight-cylinder 400SE/SEL and 500SE/SEL and V12 600SEL versions. One year later a coupé version (C140) was also launched, while the Pullman limousine (V140) came in 1996.

*Au milieu des années quatre-vingt-dix, Mercedes-Benz offrait une vaste gamme de modèles qui comprenait différents types de voitures.*
Sens des aiguilles d'une montre, en commençant en haut à gauche : *la S600 Pullman Guard (V140) blindée de 1995,*
*la berline Classe E (W210) de 1996, la Classe A (W168) bicorps de 1997 et le SUV Classe M (W163) de 1997.*

In the mid-1990s Mercedes-Benz had a wide range of models and it included numerous different types of cars.
*Clockwise from top left*: the bullet-proof S600 Pullman Guard (V140) from 1995, the E-Class saloon (W210) from 1996,
the A-Class (W168) hatchback from 1997 and the M-Class SUV (W163) from 1997.

En 1993, un nouveau système de dénomination fut introduit pour la gamme de voitures Mercedes-Benz : une lettre indiquait désormais le type de voiture, les trois chiffres habituels la cylindrée et les autres lettres éventuelles la version de la carrosserie ou du moteur. Avec l'élargissement de la gamme, l'utilisation du numéro de cylindrée n'avait plus aucun sens dans l'identification du modèle ; il devint immédiatement clair avec le nouveau système. La première voiture à en bénéficier fut la W124 après son lifting : elle devint la Classe E. De la même manière, la W140 fut rebaptisée Classe S, la C140 devint la Classe CL tandis que la 190 fut substituée cette année-là par la nouvelle Classe C (W202). Pour relever le défi de rivaliser avec la concurrence sur ce segment de marché particulièrement important, cette dernière possédait un habitacle légèrement plus spacieux et davantage d'accessoires. C'est pourquoi l'offre était la plus large possible, avec quatre différents moteurs essence de la C180 à la C280, et trois moteurs diesel de la C200 D à la C50 D, toutes disponibles en quatre niveaux de finition différents.

*In 1993 a new system of denomination was introduced for Mercedes-Benz's range of cars: it now had a letter indicating the type of car, the usual three numbers for cylinder size and eventually other letters for the body or engine version. With the expansion of the range, the use of the cylinder size number no longer had any significance in the identification of the model, while it immediately became clear with the new system. The first to benefit from this was the W124 when it underwent a facelift, and it now became the E-Class. In the same way the W140 was renamed S-Class, the C140 became CL-Class, while the 190 was replaced that year by the new C-Class (W202). In the difficult task of competing with the opposition in this particularly important market segment, the latter offered slightly more internal room and more accessories. For this reason the offer was as wide as possible, with four different petrol engines from the C180 to the C280, and three Diesel units from the C200 D to the C250 D, each one available in four different levels of finish.*

---

*Mercedes-Benz proposait également une large gamme de modèles dans le secteur des GT et des voitures de sport.* Sens des aiguilles d'une montre, en commençant en haut à gauche *: la CLK (C208) de 1997, la CLK Cabriolet (A208), la petite SLK (R170) de 1997 et la luxueuse CL (C215) de 1999.*

Mercedes-Benz also offered a wide range of models in the GT and sports car sectors. *Clockwise from top left*: the CLK (C208) from 1997, the CLK Cabriolet (A208) which was added to the coupé in 1998, the small SLK (R170) from 1997 and the luxurious CL (C215) from 1999.

Quelques mois plus tard, une sportive, la C36 AMG, fut ajoutée. C'était la première voiture issue de la collaboration entre les spécialistes du *tuning* haut de gamme et Mercedes-Benz et elle fut immédiatement suivie par le Coupé E36 AMG, dérivé de la C124.

En 1996, la Classe E fut renouvelée avec le lancement de la nouvelle famille W210, la première à adopter le nouveau style des quatre phares ovales sur l'avant-train. D'un point de vue mécanique, le châssis était inédit, à l'avant-garde technologique comme toujours. La voiture était proposée en plusieurs versions qui allaient de la E200 à la E50 AMG, avec en plus de nouveaux moteurs essence à compresseur volumétrique et, à partir de 1998, la possibilité d'avoir le système quatre roues motrices 4matic. Une fois encore, en 1996, les moteurs diesel innovants dotés de l'injection directe à rampe commune, mis au point en collaboration avec Fiat et Bosch, furent introduits sur la Classe C et appelés CDI pour les Mercedes-Benz.

*A few months later, a sports car, the C36 AMG, was added, the first car to emerge from the collaboration between the high-performance tuning firm specialists and Mercedes-Benz, and this was immediately followed by the E36 AMG Coupé derived from the C124.*

*In 1996 the E-Class was renewed with the debut of the new W210 family, the first to have the new styling feature of four oval lights at the front end. From a mechanical point of view, the chassis was completely new, technologically avant-guard as always, and the car was offered in a number of versions that ranged from the E200 to the E50 AMG and which also included the new petrol engines with volumetric compressor and, from 1998, the possibility of having 4matic four-wheel-drive traction. Again in 1996 the innovative common-rail direct fuel injection diesel engines, developed in collaboration with Fiat and Bosch, were introduced in the C-Class and called CDI for the Mercedes-Benz cars.*

Page précédente, en haut : *en 1999, une nouvelle génération de modèles phares de la Classe S fut lancée, disponible à la fois en version berline normale (W220),* à gauche, *et en version limousine Pullman (V220),* à droite. Page précédente, en bas : *la berline Classe C fut en revanche renouvelée en 2000 avec la famille de voitures W203 et les familiales correspondantes S203.*

*Previous page, top*: in 1999 a new generation of flagship S-Class cars was launched, available both as a normal saloon (W220), *left,* and as the usual limousine Pullman (V220) version, *right. Previous page, bottom*: the compact C-Class saloon was instead renewed in 2000 with the family of W203 cars *(left)* and the corresponding S203 station-wagon *(right).*

En 1997, la gamme Mercedes-Benz fut à nouveau renouvelée avec l'arrivée de quatre types de voitures inédits. Le premier, qui fit son entrée à l'occasion du salon de l'automobile de Turin au printemps, était le cabriolet SLK (R170) dont les initiales signifiaient : *Sportlich* (sport), *Leicht* (léger) et *Kompakt* (compact). Basé sur la Classe C W202, il possédait un toit amovible qui se rangeait automatiquement dans le coffre. Au salon de Détroit en janvier, la voiture de sport CLK (C208) fut présentée en version coupé et spider. Elle se basait également sur la Classe C mais avait plusieurs points communs avec la Classe E, le style notamment. Cependant, l'innovation la plus radicale arriva en mars au salon de l'automobile de Genève : la Classe A (W168) était la première Mercedes-Benz à traction avant de l'histoire et elle signifia le retour du constructeur allemand sur le segment des petites voitures, pour la première fois depuis la guerre. La Classe A était une voiture bicorps innovante dotée de moteurs essence 1.4 et 1.6 ; les versions CDI 1.6 et 1.7 furent ajoutées l'année suivante. La dernière innovation majeure de l'année 1997 fut un SUV (utilitaire sport) de luxe d'un nouveau genre, la Classe M (W163). Elle était plus luxueuse et confortable que la célèbre Classe G et, ayant été conçue spécialement pour le marché américain, elle fut construite dans une nouvelle usine en Alabama. L'année suivante, Daimler-Benz connut un remaniement interne majeur et après avoir coupé les ponts avec plusieurs entreprises im-

In 1997 the Mercedes-Benz range was again revamped with the arrival of four totally new types of car. The first, which had premiered at the Turin Motor Show the previous spring, was the SLK (R170) roadster, the letters standing for Sportlich *(sport),* Leicht *(light)* and Kompakt *(compact).* Based on the C-Class W202, it featured a new hard top roof that stowed away automatically in the boot. At the Detroit Show in January, the CLK (C208) sports car was presented with a coupé or spider body. This was also based on the C-Class but had several elements in common with the E-Class, which it resembled stylistically. Probably the most radical innovation however came in March at the Geneva Motor Show: the A-Class (W168) was the first-ever Mercedes-Benz car to have front-wheel drive and it marked the return of the German manufacturer to the small-sized segment for the first time since before the war. The A-Class was an innovative hatchback car with 1.4 and 1.6 petrol engines, and the CDI 1.6 and 1.7 versions were added the following year. The last major innovation in 1997 was a new type of luxury SUV (Sport Utility Vehicle), the M-Class (W163). This was more luxurious and comfortable than the illustrious G-Class, and as it had been designed specifically for the US market, it was built in a new factory in Alabama. The following year Daimler-Benz underwent a major corporate reshuffle and after cutting ties

productives comme AEG (appareils électriques) et Fokker (aviation), elle fusionna avec le groupe américain Chrysler, devenant ainsi DaimlerChrysler. En 1999, les modèles de luxe furent remis au goût du jour avec une nouvelle génération de coupés Classe S (W220) et Classe CL (C215), tandis qu'en l'an 2000, ce fut au tour de la Classe C d'être remplacée par la nouvelle W203. Outre les berlines et les familiales habituelles, la gamme s'agrandit en 2001 avec un nouveau coupé sport à queue courte. L'an 2000 signifia la commercialisation d'un nombre limité de versions route coupé et cabriolet de la sportive CLK GTR ; seuls vingt exemplaires de la première et six de la deuxième furent fabriquées. C'était la voiture de série la plus chère au monde, son prix affichait plus d'un million et demi de dollars. La nouvelle Classe SL (R230) fut lancée en 2001 ; question style elle suivait la tendance de la W210 avec ses quatre phares ovales. Uniquement disponible en version cabriolet avec toit amovible, elle était dotée de deux moteurs puissants, le SL500 306 chevaux et le SL55 AMG 476 chevaux. Plus tard, une version plus petite, la SL350 vint s'ajouter à la famille, tandis que les modèles haut de gamme devinrent la SL600 et la SL65 AMG, avec 500 et 612 chevaux sous le capot respectivement. Enfin, 2002 vit l'arrivée de l'avant-dernière génération de la Classe E (W211), comme toujours en version berline et familiale, et de l'équivalent de la sportive Classe CLK (C209).

with several unproductive companies such as AEG (electrical appliances) and Fokker (aircraft), it merged with the American group Chrysler giving rise to DaimlerChrysler. In 1999 the luxury car models were renewed with a new generation of S-Class (W220) and CL-Class (C215) coupés, while in 2000 it was the turn of the C-Class to be replaced by the new W203; in addition to the usual saloon and estate cars, in 2001 the range was expanded with a new short-tail Sportcoupé car. The year 2000 also saw the commercialization of a limited number of coupé and roadster road-going versions of the CLK GTR racing car; only twenty of the former and six of the latter were built. It was the most expensive production car in the world, with a price tag of more than 1.5 million dollars. The new SL-Class (R230) was launched in 2001; style-wise it followed the W210's trend of having four oval front lights. Only available in a roadster variant with a retractable hard top, it was equipped with two powerful engines: the 306 hp SL500 and the 476 hp SL55 AMG. Later a smaller version, the SL350, was added to the family, while the top-of-the-range models became the SL600 and the SL65 AMG, with 500 and 612 hp on tap respectively. Finally 2002 saw the introduction of the penultimate generation of E-Class (W211), as always in saloon and estate car versions, and the equivalent CLK-Class (C209) sports car.

Page précédente, à gauche ; *la CLK GTR de l'an 2000, une voiture de course à part entière dont seulement 20 coupés (sur la photo) et 6 cabriolets furent produits pour conduite sur route ;* en haut à droite, *la SportCoupé Classe C, une version originale à queue courte basée sur la berline W203 en 2001 ;* en bas à droite, *la nouvelle génération de voitures de sport SL, la R230, lancée en 2001.*
À droite : *la Classe E fut introduite 2002 ;* en haut, *une E320 Avantgard Station-Wagon;* en bas, *une berline E270 CDI équipée d'un moteur diesel Common-Rail.*

*Previous page:* the CLK GTR from 2000, a fully-fledged racing car, of which just 20 coupés *(top)* and 6 roadsters were produced for road use; *bottom left*: the C-Class SportCoupé, an original short-tail version based on the W203 saloon in 2001; *bottom right*: the new generation of SL sports car, the R230, introduced in 2001.
*Right*: the E-Class was introduced in 2002; *top,* an E320 Avantgard Station-Wagon; *bottom,* an E270 CDI saloon with Diesel Common-Rail engine.

# MERCEDES-BENZ AUJOURD'HUI

## *Mercedes-Benz today*

La production actuelle de Mercedes-Benz est désormais aussi large et complète que possible, allant des modèles bicorps aux voitures de sport en passant par les voitures de fonction de luxe.

À la base, nous trouvons la deuxième génération de la Classe A (W169), lancée en 2004 et remodelée en 2008 afin d'avoir un air de famille avec les autres modèles. Contrairement à la série précédente, disponible avec un empattement court ou long, la W169 est produite en version bicorps quatre ou deux portes (appelé « Coupé ») mais avec le même empattement. En 2005, un autre monospace compact, la Classe B (W245), est ajouté à la gamme. Il utilise le même châssis mais est fondamentalement une Classe A agrandie ; il est légèrement modifié en 2008.

*Mercedes-Benz's current production output is now as wide and complete as it can be, ranging from hatchbacks to sports cars and luxury executive models.*

*It starts off at the base with the second generation of A-Class (W169), which was launched in 2004 and which underwent a restyling in 2008 to come into line with the 'family feeling' of the other models. Unlike the previous series, which was available in short or long wheelbase versions, the W169 is produced in four or two-door (called a Coupé) hatchback versions but with the same wheelbase. In 2005 another compact MPV, the B-Class (W245), was added to the range. This used the same chassis, but was essentially an enlarged A-Class car; it also underwent a slight update in 2008.*

*La gamme actuelle de monospaces et de SUV de Mercedes-Benz s'étend de la Classe A compacte aux voitures de luxe tout-terrain. Sens des aiguilles d'une montre, en commençant en haut à gauche : la Classe A (W169) lancée en 2004 et également disponible en version coupé trois portes (sur la photo) ; la Classe B compacte de monospaces (W245) de 2005 ; la Classe R (W251) de 2006 ; la Classe M tout-terrain (W164) de 2006 et, sur la photo, la puissante version ML63 AMG.*

The current Mercedes-Benz MPV and SUV range runs from the compact A-Class to luxury off-road vehicles. *Clockwise from top left:* the A-Class (W169) launched in 2004 and also available as a three-door coupé *(in the photo)*; the compact B-Class MPV (W245) from 2005; the R-Class (W251) from 2006; the off-road M-Class (W164) from 2006, and in the photo the powerful ML63 AMG version.

Le secteur connaît une expansion en 2006 avec l'ajout de la Classe R (W251), un véhicule multisegment totalement inédit, sorte d'hybride monospace/SUV. Il est disponible en deux longueurs d'empattement, en version propulsion arrière et quatre roues motrices.

Les modèles les plus populaires restent la Classe C, avec la génération actuelle de la W204 qui a fait ses débuts en 2007 et la Classe E, entièrement revue et corrigée en 2009 avec la W212. Le modèle haut de gamme du secteur des berlines reste clairement la Classe S, avec la W221 nouvelle génération introduite en 2006. Même dans le secteur des voitures de sport, la gamme est assez étendue, divisée en deux lignes clé et récemment complétée par plusieurs nouveaux modèles.

The sector was further expanded in 2006 with the addition of the R-Class (W251), a totally new crossover vehicle, a sort of hybrid MPV/SUV. It was available in two wheelbase lengths, in rear-wheel and four-wheel drive versions. The most successful models continue to be the C-Class, with the current W204 generation that made its debut in 2007, and the E-Class, which was completely renewed in 2009 with the W212. The top-of-the-range model in the saloon car sector clearly remains the S-Class, with the new generation W221 which was introduced in 2006. Even in the sports car sector the range is quite large, divided into two key lines and with the recent addition of several new models.

*La gamme des berlines, qui a toujours été le point fort de Mercedes-Benz, se base sur trois types de voitures.* Sens des aiguilles d'une montre, en commençant en haut à gauche : *la Classe C (W204) de 2007, la Classe E (W212) de 2009 et la Classe S (W221), également disponible en version voiture de fonction Pullman (sur la photo, une version blindée S600 Guard).*

The saloon range, which has always been a strong point of Mercedes-Benz, is based on three types of car.
*Clockwise from top left:* the C-Class (W204) from 2007, the E-Class (W212) from 2009 and the S-Class (W221), also available as the executive Pullman version (in the photo, an armour-plated S600 Guard).

*La gamme tout-terrain a récemment été élargie pour inclure deux autres modèles de type sport dans les classes G et M. Voici (*en haut*) la GLK (X204) à partir de 2008 et (*right*) la GL (X164) à partir 2006.*

The off-road range has recently been augmented to include two more sports-oriented models in the G and M-Class. These are the GLK (X204) from 2008 (*top*) and the GL (X164) from 2006 (*right*).

Mercedes-Benz possède une large gamme de voitures de sport. À gauche, *deux modèles dérivés des berlines, respectivement la Classe C et la Classe E :* en haut, *la CLC de 2008* et en bas, *la CLS de 2004.*
Page suivante, sens des aiguilles d'une montre, en commençant en haut à gauche : *le coupé de la Classe E (C207) de 2009 ; le nouveau cabriolet Classe E (A207) de 2010 ; la Classe CL (C216) de 2006, qui est la version coupé de la Classe S exclusive ; le cabriolet SL (R230) de 2006, ici dans sa version SL55 AMG.*

Mercedes-Benz has a wide range of sports car models. *Left*: two models derived from the saloons, respectively C-Class and E-Class; *top*: the CLC from 2008; *bottom:* the CLS from 2004. *Next page, clockwise from top left*: the E-Class Coupé (C207) from 2009; the new E-Class Cabriolet (A207) from 2010; the CL-Class (C216) from 2006, that is the coupé version of the exclusive S-Class; the SL roadster (R230) from 2006, here in SL55 AMG version.

Le premier type inclut des modèles dérivés des berlines et comprend la CLC (CL203), qui remplace l'ancienne Classe C coupé sport de 2008, les nouvelles versions Coupé et Cabriolet de la Classe E (C207 et A 207), qui en 2009 et 2010 remplacent respectivement la CLK, la nouvelle Classe CLS (W219), une variante de la Classe E au format voiture de fonction lancée en 2004 et commercialisée en tant que « Coupé quatre portes », et la Classe CL (C216), un coupé inspiré du modèle exclusif Classe S. Le second type possède une connotation sportive évidente et commence par la SLK, renouvelée en 2004 avec la R171 et suivie par la SL (R230), rajeunie en 2008.

En haut de la gamme, nous trouvons les modèles à hautes performances, dérivés directs de l'expérience de la marque en Formule 1. La première de ces voitures, la SLR McLaren (C199) fait son entrée en 2004 en version coupé pour être rejointe par le cabriolet (R199) en 2007.

*The first type includes models derived from the saloon cars and is made up of the CLC (CL203), which replaced the previous C-Class Sportcoupé in 2008, the new Coupé and Cabriolet versions of the E-Class (C207 and A207), which in 2009 and 2010 respectively replaced the CLK, the new CLS-Class (W219), an executive-size variant of the E-Class introduced in 2004 and marketed as a 'four-door coupé', and the CL-Class (C216), a coupé based on the exclusive S-Class car. The second type has clear sporting connotations and it starts with the SLK, which was renewed in 2004 with the R171, and followed by the SL (R230), which underwent a facelift in 2008.*

*At the top of the range are the high-performance models, directly deriving from experience in Formula 1 racing competition. The first of these cars, the SLR McLaren (C199), made its debut in 2004 in a coupé version, and it was joined by the roadster (R199) in 2007.*

*La Mercedes-Benz SLR McLaren (C199), dérivé direct de la Formule 1,*
*fit ses débuts en 2004 comme un coupé, rejoint ensuite par une version cabriolet en 2007.*

The Mercedes-Benz SLR McLaren (C199), directly derived from Formula 1,
made its debut in 2004 as a coupé, which was then joined by a Roadster version in 2007.

En haut : *la SLK est la voiture de sport compacte de Mercedes-Benz ; la série actuelle, R171, fut lancée en 2004 ; sur la photo, une SLK 55 AMG.* Page suivante, en haut : *la version cabriolet (R199) de la spectaculaire SLR McLaren, lancée en 2007.* Page suivante, en bas : *la voiture de sport classique SL fut également commercialisée en 2009 en version coupé SL65 AMG Black Series avec un toit fixe en fibre de carbone et un moteur V12 670 chevaux.*

*Top*: the SLK is Mercedes-Benz's compact sports car; the current series, R171, was launched in 2004; in the photo, an SLK 55 AMG. *Next page, top*: the Roadster (R199) version of the spectacular SLR McLaren, launched in 2007. *Next page*, *bottom*: the classic SL sports car also went on sale in 2009 as an SL65 AMG Black Series coupé with a carbon-fibre fixed roof and a 670 hp V12 engine.

Équipée d'un moteur Mercedes-AMG 5,5 litres 626 chevaux, ses performances sont extraordinaires et sa perfection technologique la placent sur la plus haute marche du podium dans sa catégorie. Pour cette voiture exclusive, on décide dès le départ que la production serait limitée à 3500 exemplaires, chiffre atteint en 2009. C'est pour cette raison qu'elle vient d'être remplacée par la nouvelle SLS AMG (C197) en 2010, héritière spirituelle de la légendaire 300SL Gullwing.

Mercedes-Benz est également très présente sur le segment des SUV et des véhicules tout-terrain ; en plus de la Classe G, la Classe M de luxe est ajoutée à la gamme en 2006 dans sa variation ultime W164, et deux autres SUV multisegment : la Classe GL qui accueille jusqu'à sept passagers (X164) en 2006 et la Classe GLK, un multisegment de luxe compact (X204) sorti en 2008.

*Fitted with a 626 hp, 5.5 litre Mercedes-AMG engine, it has extraordinary performance and a technological perfection that places it at the top of its category. For this exclusive car, it was decided right from the start that the production run would be limited to 3,500 examples, a figure that was reached in 2009. For this reason, in 2010 it was replaced by the new SLS AMG (C197), a car that is the spiritual successor to the legendary 300SL Gullwing.*

*Mercedes-Benz also has a strong presence on the SUV and off-road vehicle sector; alongside the G-Class, it also added the more luxurious M-Class to its range in 2006 in the latest W164 variation, and two other crossover SUVs: the 7-passenger GL-Class (X164) in 2006 and the GLK-Class compact luxury crossover (X204) in 2008.*

*La nouvelle Mercedes-Benz SLS AMG (C197) fut lancée début 2010
à la place de la SLR. Elle est l'héritière spirituelle de la 300SL Gullwing.*

The new Mercedes-Benz SLS AMG (C197) was introduced at the start
of 2010 in place of the SLR, and is the spiritual successor to the 300SL Gullwing.

## Alessandro Sannia

Né à Turin en 1974, Alessandro Sannia voue une véritable passion aux voitures. Diplômé en architecture, il acquiert d'abord une première expérience dans le secteur du design et des moteurs. Il est aujourd'hui en charge de la stratégie produits au sein du Groupe Fiat Automobiles.

Fasciné depuis toujours par l'histoire des automobiles, il jouit d'une véritable expertise dans ce domaine. Il est membre de l'Automotoclub Storico Italiano, de la prestigieuse Associazione Italiana per la Storia dell'Automobile ainsi que de l'American Society of Automotive Historians. Il travaille comme journaliste freelance pour diverses publications italiennes et étrangères, et est également l'auteur de nombreux ouvrages, dont une série dédiée aux voitures Fiat construites sur commande. Il a publié aux éditions Gribaudo les ouvrages *Fiat 500 Little Big Myth, Mini Minor, Beetle, Porsche et Alfa Romeo*.

## Alessandro Sannia

He was born in Turin in 1974 and he is one hundred percent dedicated to cars. Graduated in Architecture, after previous experience in the world of style and engines he now works as a product strategist for Fiat Group Automobiles.

He has been obsessed with and an expert on the history of automobiles all his life. He is a member of the Automotoclub Storico Italiano, of the prestigious Associazione Italiana per la Storia dell'Automobile and of the American Society of Automotive Historians. He works as a freelance journalist with several Italian and foreign publications and he is the author of numerous books, including a series dedicated to custom-built Fiat cars. For the Edizioni Gribaudo he has written, *Fiat 500 Little Big Myth*, *Mini Minor*, *Beetle*, *Porsche* and *Alfa Romeo*.